대기업 퇴사하고
옥스퍼드 갑니다

대기업 퇴사하고 옥스퍼드 갑니다

6개월 만에 준비하는 해외 MBA의 모든 것

초 판 1쇄 2025년 03월 24일

지은이 정성환
펴낸이 류종렬

펴낸곳 미다스북스
본부장 임종익
편집장 이다경, 김가영
디자인 임인영, 윤가희
책임진행 김은진, 이예나, 김요섭, 안채원, 장민주

등록 2001년 3월 21일 제2001-000040호
주소 서울시 마포구 양화로 133 서교타워 711호
전화 02) 322-7802~3
팩스 02) 6007-1845
블로그 http://blog.naver.com/midasbooks
전자주소 midasbooks@hanmail.net
페이스북 https://www.facebook.com/midasbooks425
인스타그램 https://www.instagram.com/midasbooks

© 정성환, 미다스북스 2025, *Printed in Korea.*

ISBN 979-11-7355-129-1 03320

값 20,000원

미다스북스는 다음세대에게 필요한 지혜와 교양을 생각합니다.

대기업
퇴사하고

옥스퍼드
갑니다

6개월 만에 준비하는 해외 MBA의 모든 것

정성환 지음

미다스북스

1부 | 탐색편 : 알아보기, 마음먹기, 결정하기

1장 대기업 7년 차 정 대리는 왜 옥스퍼드로 떠났을까?
심장 한구석의 그 공허함에 대하여

2장 '옥스퍼드'여야만 했던 이유
과감한 결심을 구체화해준 정보탐색의 중요성

2부 | 준비편 : 시험 보기, 면접 보기, 정리하기

3장 어떻게 준비할 것인가?
한눈에 살펴보는 재직 중 해외 MBA 준비 7 STEP

4장 어떻게 살아남을 것인가?
효율적인 유학을 위한 사전 준비

3부 | 실전편 : 자리잡기, 학습하기, 교류하기

5장 두려움 반, 설렘 반
옥스퍼드로 가는 길

6장 옥스퍼드 MBA, 부딪히고 배우다
8,800km 떨어진 그곳에서 벌어지는 리얼스토리

7장 결국 사람이었다
인생에서 가장 농밀했던 교류와 소통의 시간

4부 | 완성편 : 돌아보기, 성찰하기, 성장하기

8장 옥스퍼드가 내게 남긴 것들
34살에 새로이 경험하는 성찰과 성장의 이야기

9장 옥스퍼드를 떠나는 길
완생을 향해 다시 돌아갑니다

정미령 前 **옥스퍼드대 교수** ────────────

(Dr.Miriam Chung, Faculty of Psychological Studies, Member of Congregation)

─────────────────────────────

　정성환 학생과는 입학 이후 한인 학생들과의 환영회 자리에서 처음 만나, 그 이후에도 시간의 끈을 이어가고 있는 소중한 관계입니다. 특히 옥스퍼드 한인학생회 회장단으로서 적극적인 활약을 펼쳐, 수많은 청중들을 모시고 옥스퍼드에서 다양한 행사를 주최하는 등 훌륭한 결실을 맺었던 일들이 기억이 납니다. 그랬던 정성환 학생이 한국으로 귀국 후, 옥스퍼드로 오게 된 이유와 과정, 그리고 옥스퍼드에서 느꼈던 점들을 책으로 낸다고 했을 때 매우 대견하게 생각했습니다.

　저는 27년간 옥스퍼드 대학에서 교직 생활을 하며 다양한 학생들을 만나왔습니다. 그러다 보니 저와 대화를 나누고자 하는 많은 학생들의 '마음 바탕'이 잘 보입니다. 평생을 교육심리학자로 살아온 제가 MBA 학생과 학문적 연관성은 없지만 늘 정성환 학생과는 삶의 방향과 목적에 대한 다방면의 대화를 즐겁게 이어나갔습니다. 이것이야말로 옥스퍼드 대학이 추구하는 교육의 지향점이라고 생각합니다. 서로 다른 과목을 전공해도, 교수와 학생이라는 관계더라도, 열린 마음으로 서로의 지적 호기심을 자극하고 함께 성장해나가는 것이 바로 그 지향점입니다. 정성환 학생 역시 이를 잘 이해하고, 졸업 이후 책을 펼쳐냄으로써 옥스퍼드 대학의 많은 부분을 독자들과 공유하는 가치 있는 결실을 맺었습니다.

이번 책을 살펴보니 많은 독자들이 가슴으로 공감할 수 있는 정성환 학생만의 진솔함이 담겨 있는 소중한 글입니다. 옥스퍼드 대학의 교육이 가지는 특징을 제대로 이해하는 데서 나아가, 자신의 삶과 생활에 적절히 적용하는 수준 높은 사고의 흐름이 보이는 책이기도 합니다. 한국에서의 생활 속 깨달음과 옥스퍼드로 떠나온 이후의 일상들 그 각각의 의미를 여러 독자들에게 전하는 가치 있는 서적이 될 것입니다. 저자의 따뜻한 인간적 품격과 산뜻한 창의력이 그대로 느껴지는 이 책의 출간을 진심으로 축하합니다.

선승혜 원장 ─────────────────────────●
(주영한국문화원장)

───────────────────────────────────────

첫 유학인 만큼 영국에 있는 동안 많은 네트워킹 활동과 교류 행사에 참여하고 싶다던 저자와의 첫 만남이 기억납니다. MBA 특성상 여러 활동들을 하느라 바빴을 텐데도 항상 한국 교민사회의 일들에 많은 관심을 가지고 적극적으로 임하는 모습이 인상 깊었습니다. 특히, 주영한국문화원에서 영국 각지에 한국 문화를 전파하고 교류의 장을 마련하도록 후원을 진행할 때, 옥스퍼드에서 열렸던 행사 중 가장 큰 규모의 한인 행사를 기획하여 저 역시 행사에 직접 참여하고 강연을 하는 등 뜻깊은 시간을 가질 수 있었습니다.

그랬던 저자가 영국, 특히 옥스퍼드 MBA 과정에서 공부하며 배운 내용과 이 과정에서의 인사이트를 독자들에게 공유한다고 하였을 때 매우 의미 있는 일이라 생각하였습니다. 한국의 안정적인 대기업 문화 속에서 성장해 온 저자가 과감히 퇴사를 결심하게 되는 과정 또한 흥미로웠고, 더 나아가 해외 MBA를 준비하는 이들에게 필수적인 정보들을 체계적으로 정리한 부분들은 유학을 꿈꾸는 한국의 많은 직장인분들에게 도움이 될 것입니다.

한국과 영국 양 국가 간 교류의 촉진과 문화 전파에 힘쓰고 있는 저 역시도 새로운 나라로 유학을 선택한다는 것이 쉽지 않은 일임을 알고 있습니다. 한국에서 영국으로의 진출을 꿈꾸는 많은 사람들에게 이 책의 생생한 영국 정착 과정은 도움이 될 만한 내용이 되리라 생각합니다. 영국에서도 과거에 비할 수 없는 한국에 대한 많은 관심과 교류가 일어나는 만큼, 많은 분들이 영국에서의 삶을 꿈꾸는 것으로 알고 있습니다. 이 시대의 흔들리는 직장인분들과 많은 한국 독자분들께서도 이 책을 통해 더 큰 꿈을 꾸실 수 있는 계기가 되길 바랍니다.

김종순 대표 ─────────────────────●

(JS홀딩스 대표)

서로에게 긍정적인 영향을 줄 수 있다는 것은 국적과 나이를 떠나 매우 중요한 사람과 사람 사이의 가치 있는 일이라고 생각합니다. 저자와 영국 내 다양한 행사들에서 자주 대화를 나누며, 저 역시 저자를 통해 긍정적인 영향을 받을 수 있었습니다. 특히 영국 내 LBS, 캠브리지, 옥스퍼드 등 유수의 MBA 학생들과 저희 한식당 'YORI'에 방문하여 서로 네트워킹할 수 있는 시간을 만들던 저자의 열정적인 모습은 아직도 좋은 기억으로 남아 있습니다. 이 과정에서 저 역시도 향후 MBA 과정을 수료해볼까 진지하게 고민하기도 하였기 때문입니다. 이후 한국의 날 행사에 참석하신 분들께

저희 한식당의 한식을 선보이는 것은 물론, 진정한 의미의 한류에 관해 이야기 나눌 수 있는 소중한 행사로 인연이 이어지기도 하였습니다.

저자의 책은 한국의 독자분들, 특히 직장인분들에게 많은 공감을 이끌어낼 수 있지 않을까 합니다. 허영과 거짓 없는 생생한 체험담이 많은 사람들에게 진실하게 다가올 수 있기 때문입니다. 저자가 저를 처음 만났을 때, 유학이 처음이라 많은 부분이 낯설고 어려웠지만, 그만큼 시행착오를 통해 다시금 성장해간다던 이야기가 기억납니다. 쉽지 않은 결정이었을 것이고 누구나 꿈은 꾸지만, 실행에 옮기기는 더더욱 어려운 일이었을 것입니다. 그리고 그 과정의 시작과 끝을 모두 진솔하게 정리한 이 책은 해외로 유학을 꿈꾸는 대한민국의 독자분들께 구체적인 사례로써 도움을 드릴 수 있지 않을까 합니다. 저 역시 직장생활을 하였고, 회사를 그만두고 새로운 출발을 한다는 것이 쉽지 않음을 잘 이해하고 있습니다. 많은 독자분들이 이 책을 접함으로써 긍정적인 영향력과 용기를 얻어가길 바랍니다.

김성규 ─────────────────────────────●

(삼성 SDI 근무, 캠브리지 MBA 졸업생)

────────────────────────────────────

제가 이 책의 저자인 성환이를 처음 만난 것은 캠브리지에서 MBA 과정을 밟던 시기였습니다. 옥스브리지 행사와 다양한 네트워킹 자리에서 나눈 대화를 통해 느낀 성환이는, 뚜렷한 목표 의식과 이를 이루기 위한 강한 실행력을 갖춘 사람이었습니다. 이 책은 단순한 학위 취득의 과정이 아닌, 흔들리는 삶 속에서 자신만의 중심을 찾아 나선 용기와 선택의 기록을 담고 있습니다. 대기업이라는 안정된 울타리를 벗어나 옥스퍼드에서 새로운 도전에 나선 성환이의 이야기는 많은 직장인들에게 깊은 공감을 불러일으킬 것입니다. 저 또한 비슷한 시기에 같은 고민을 겪었기에, 이 책 속 성환이의 고민과 경험은 제게도 큰 의미로 다가왔습니다. 해외 MBA라는 도전은 결코 쉬운 여정이 아니지만, 성환이는 그 과정에서 마주한 어려움과 극복과정, 그리고 옥스퍼드에서의 성장을 솔직하고 진솔하게 풀어내 독자들에게 또 다른 공감과 감동을 선사합니다.

특히 MBA를 준비하는 독자라면 이 책에서 다루는 내용이 얼마나 생생하고 현실적인지 공감할 것입니다. 성환이가 만나고 경험한 사람들과의 교류는 단순한 정보 전달을 넘어서, 해외 유학과 새로운 커리어에 대한 구체적이면서도 따뜻한 통찰을 공유합니다. 이 책은 흔들리는 직장인들에게는 자신만의 중심을 찾을 용기와 방향을, 해외 MBA를 준비하는 이들에게는 실제적인 로드맵을, 그리고 새로운 도전을 꿈꾸는 사람들에게는 큰 영감과 동기부여를 제공할 것입니다. 성환이와 같은 시기에 비슷한 길을 걸었던 한 사람으로서, 이 책을 자신 있게 추천합니다.

노희용
(McKinsey & Company 근무, 런던비즈니스 스쿨 MBA 졸업생)

성환이 형이 주최한 영국 MBA 친구들과의 첫 만남을 계기로, 이후 YORI 한식당 방문, 옥스퍼드에서의 포멀 디너 등 성환이 형과 여러 추억을 함께 쌓아갈 수 있었습니다. 이 과정에서 성환이 형의 스토리를 들을 수 있었고, 속 깊은 고민들을 이해할 수 있었습니다. 누구나 한 번쯤은 우리가 왜 일을 해야 하는지, 어떤 목적을 위해 커리어를 쌓아가는지 의문을 가져봤을 것입니다. 하지만 선뜻 이 질문에 대한 대답을 하기란 쉽지 않은 일입니다. 한국 대기업 구조 속에서 다양한 직무를 경험하며, 그 속에서 의미를 찾아내고자 고민해왔던 성환이 형이 과감히 경력단절을 감행하고 옥스퍼드로 떠난 것은 본인만이 알고 있는 수많은 고뇌와 걱정 속에 내린 결정이었을 것입니다. 그렇기에 옥스퍼드라는 새로운 환경 속에서 많은 사람을 만나고 교류하며 열정적으로 배움을 실천한 성환 형의 이야기는 마냥 가볍게만 여길 수 없는 부분들이 많습니다. 더 나은 커리어, 더 의미 있는 일을 꿈꾸는 사람들이 이 책을 접하기를 바랍니다. 우리가 고민해볼 수 있는 하나의 길을 먼저 선택하고 경험한 저자의 발자취를 함께 따라가 보시길 추천드립니다.

한창인 ────────────────────────────────●
(켈로그 MBA 졸업생)

────────────────────────────────

MBA는 많은 직장인들에게 '나도 한번 해볼까'라는 생각을 하게 만드는 단어인 것 같습니다. 누군가에게는 해외 취업의 관문, 누군가에게는 커리어 전환의 기회, 누군가에게는 회사에서 임원을 달기 위한 과정의 시작일 수 있습니다. 그럼에도 불구하고 해외 MBA는 준비과정부터 합격, 졸업 이후의 리크루팅까지 모든 과정이 불확실성의 연속입니다. 특히 MBA를 위해 투자해야 하는 돈과 시간을 생각하면, 정말 인생의 몇 안 되는 중대한 변곡점이라고 해도 과언이 아닐 것 같습니다.

이 책은 그러한 변곡점이 주는 불확실성에 대한 고민부터 저자의 해결책까지 종합적으로 기술된 하나의 가이드입니다. 돌이켜보면 제가 MBA 준비를 하면서 해소하기 어려웠던 궁금증들은 GMAT 점수를 올리는 방법이나 추천서를 누구에게 받을지가 아니라, 이 길을 선택하는 것이 맞을지, 비슷한 길을 걸었던 다른 사람들은 무슨 생각을 하고 있는지였던 것 같습니다. 같은 고민을 했던 한 명의 직장인이었던 저자의 치열한 해외 MBA 여정을 보면서 '내가 MBA를 준비할 때도 이런 책이 있었다면…'이라는 생각을 하면서, 이 책을 추천합니다.

김연수 ●────────────────────────────────────
(넷플릭스 코리아 근무, INSEAD MBA 졸업생)

───

해외 MBA라는 쉽지 않은 결심을 하고, 시험준비에 여념이 없던 성환 오빠의 모습이 기억납니다. 6개월이라는 짧은 기간을 목표로 GMAT과 어학 시험은 물론 다양한 서류들까지 열정적으로 준비하던 모습을 보며 저 역시 과거에 MBA를 준비할 때가 기억났습니다. MBA 특성상 준비하는 사람들의 커리어와 상황이 매우 다르기 때문에, 하나의 종합적인 가이드라인을 찾기가 어렵습니다. 그렇다 보니 주변의 인맥과 전문 기관을 통한 도움에 의지할 수밖에 없는 경우가 많습니다. 그런 만큼 성환 오빠가 해외 MBA 준비와 관련된 책을 쓴다고 했을 때 MBA를 준비하는 분들에게 매우 의미 있는 자료가 될 것이란 생각이 들었습니다. 이에 그치지 않고 해외 유학을 떠나기 위한 성환 오빠만의 고민 과정과 옥스퍼드에서 느낀 바를 함께 담아냄으로써 한국 독자분들에게 참고할 만한 이야기가 될 수 있을 것입니다. 이 책을 MBA뿐만 아니라 새로운 출발과 발전을 꿈꾸시는 분들께 추천드리고 싶습니다.

유광욱 ●────────────────────────────────────
(KB국민카드 근무, KAIST 금융MBA 졸업생)

───

대기업 직원들의 경우 회사가 주는 안정성이 높다 보니, 추가적인 전문성을 갖추고자 성환이와 같이 MBA로 진학하는 결정을 내리기가 쉽지가 않다. 나 역시 KAIST 금융MBA를 선택하고 수료하는 과정이 결코 쉽지 않은 일이었기 때문에 충분히 그 어려움을 알고 있다. 시간과 학비를 투자해야 하고, 그 학업 기간 동안의 기회비용(연봉)도 발생하기 때문이다. 물론 100% 장밋빛 미래가 있다면 과감히 도전할 수도 있겠지만, 꼭 그렇지만은 않기 때문에 선택이 쉽지는 않다.

성환이의 도전 배경과 고민은 많은 사회 초년생들이 고민하는 것과 비슷할 것이다. 그 고민의 해결책으로 해외 MBA를 선택했고, 놀랍게도 6개월 만에 Oxford MBA 합격증을 받을 수 있었다. 통상 1~2년 이상의 기간을 가지고 해외 MBA 입학(Admission)을 준비해본 사람은 알 것이다. 6개월은 정말 짧고 응축된 기간이다. 이 책에서 성환이는 6개월이라는 놀랍도록 짧은 시간 동안 MBA를 준비했던 그 과정의 노하우를 집약적으로 잘 설명하였다. MBA뿐만이 아니라 해외 유학을 꿈꾸는 분들이 이 책을 통해서 스스로의 해외 유학 기간을 효율적으로 단축하여 경제적, 시간적 여유를 꼭 얻어갈 수 있길 바란다.

강신우 ●——————————————————

(옥스퍼드 한국 총동문회 부회장, 아태산 대표)

저는 옥스퍼드 한국 총동문회 및 다양한 영국대사관 행사들을 주최하면서 옥스퍼드뿐만 아니라 영국이라는 나라에서 인생의 소중한 경험을 한 이들을 만날 수 있었습니다. 저마다의 꿈을 품고 옥스퍼드를 거쳐간 많은 사람들이 옥스퍼드에서의 경험을 주변에 공유하고 또 오래도록 기억하고자 합니다. 옥스퍼드에서 MBA를 마치고 귀국한 이후, 한국에서도 영국 관련 행사와 일에 주체적으로 참여하고 싶다던 성환이를 만나게 되었습니다. 짧은 학위 취득 과정의 아쉬움을 한국에서 더 발전적으로 이어가고자 하는 그 열의와 열정이 인상 깊었습니다. 그리고 성환이가 이에 그치지 않고 많은 사람들이 궁금해할 옥스퍼드에서의 삶과 문화, 그 속에서의 인연들에 관한 이야기를 책으로 낸다고 하였을 때, 응원을 아끼지 않을 수 없었습니다. 옥스퍼드에서의 인연과 이야기들을 많은 사람들과 공유하는 것은 매우 가치 있는 일이 될 것이기 때문입니다. 이 책을 통해 한국의 많은 독자분들이 옥스퍼드에서의 학위 취득 과정은 물론 그 특색 있는 문화에 대해서도 알게 되길 희망합니다.

신계영 ──────────────────────────────●

(옥스퍼드 경영학 박사연구원)

────────────────────────────────────

 성환이는 어떻게 보면 한국에서는 어느 정도 보편적으로 선호되는 길을 걸어온 사람으로 볼 수도 있습니다. 한국에서 학업을 마치고, 대기업에서 7년간 근무하며 남들이 보기엔 이미 충분히 안정적이고 성공적인 커리어를 쌓아가고 있었습니다. 하지만 성환이는 익숙한 환경에 안주하지 않았습니다. 자신이 진정으로 원하는 것이 무엇인지 고민했고, 더 넓은 세상에서 배우고 성장할 기회를 스스로 만들어갔습니다. 대기업이라는 안정된 울타리를 벗어나 사표를 던지는 것뿐만 아니라, 영국에서 MBA를 하기로 한 선택은 자기 성장에 대한 깊은 갈망 없이는 내리기 어려운 결정이었을 것입니다. 이런 모습은 모국이 아닌 외국에서 삶을 개척해 나가는 많은 이들이 공통적으로 가지고 있는 특성이기도 했기에 저에겐 더욱 친근하게 다가왔던 것 같습니다.

 이 책에는 성환이가 MBA에 도전하기까지의 고민과 준비과정, 그리고 도전 속에서 마주한 시행착오와 성장의 순간들이 진솔하게 담겨 있습니다. 물론 모든 사람이 안정된 삶을 내려놓고 변화를 선택해야 한다는 것은 아닙니다. 성환이와 같은 결정을 내리지 않는 것, 혹은 내릴 수 없는 것에는 분명 타당한 이유가 있을 것입니다. 하지만 한 가지 분명한 점은, 이 책이 독자들에게 한 번쯤 평범한 일상에서 벗어나 자신의 삶을 돌아보고, 새로운 가능성을 고민해볼 기회를 제공한다는 것입니다.

이 책은 단순히 MBA를 고민하는 사람들만을 위한 것이 아닙니다. 자신의 커리어와 삶의 방향을 다시 한번 점검하고 싶은 모든 사람들에게 울림을 줄 것입니다. 지금의 삶을 유지하기로 결정하더라도, 성환이와 같은 사람들이 어떤 고민 끝에 익숙한 환경을 벗어나기로 했는지, 새로운 도전 속에서 어떤 어려움을 마주했는지, 그리고 그 선택이 어떤 결과를 가져왔는지를 간접적으로 경험해볼 수 있을 것입니다.

새로운 도전을 고민하는 분들에게, 이 책을 추천합니다.

조용두 ────────────────────────────●
(옥스퍼드 한국 총동문회 회장, 삼일회계법인 고문)

─────────────────────────────────────

옥스퍼드라는 도시는 참 특색 있는 도시입니다. 도시 전체가 하나의 지성 집단처럼 전 세계의 수많은 학자들이 모여들어 옥스퍼드만의 정취와 분위기를 형성합니다. 이 도시에 처음 유학길을 떠나온, 그것도 한국 대기업을 그만두고 MBA를 선택한 정성환 군이 느꼈을 생경함이 상상됩니다. 저역시도 지난날 더 큰 꿈을 안고 더 깊은 학문적 성취를 위해 옥스퍼드로 떠나왔습니다. 옥스퍼드에서 경제학 박사 학위를 받는 과정을 보내며 학문적 성장은 물론 세계의 석학들과 교류하며 내면적 성장도 이룰 수 있었습니다. 그리고 그 과거의 경험들이 씨앗이 되어 현재는 옥스퍼드의 한국 총동문회 회장을 역임하며 옥스퍼드를 거쳐 간 많은 한국인들의 상호 교류와 발전의 기회를 만들어가고 있습니다. 서로 다른 멋진 커리어를 만들어가고 있는 다양한 사람들이 옥스퍼드라는 하나의 공통점을 가지고, 지금도 끈끈한 인연의 끈을 이어가고 있습니다.

정성환 군의 책은 단순히 '해외 MBA를 어떻게 효율적으로 갈 것인가'에 그치지 않는다는 점에서 차별점이 있습니다. 과연 해외 MBA라는 곳이, 그리고 옥스퍼드라는 곳이 '현실의 안정과 안위를 포기할 만큼의 가치가 있는 곳인지'에 대한 아주 근원적인 질문부터 시작하고 있기 때문입니다. 막상 자신이 현재 가진 것을 포기한다는 것은 많은 용기가 필요하기에, 정성환 군만의 솔직한 고민의 과정은 많은 독자들이 공감하기에 충분하다고 생각합니다. 그리고 깊은 고민 끝에 선택한 옥스퍼드라는 공간에서 어떠한 배움과, 만남과, 성장이 일어나는지 생생한 스토리를 통해 알 수 있습니다. 이와 더불어 앞서 말한 옥스퍼드만의 문화, 정서, 특색 등을 느낄 수 있는 것은 이 책이 주는 또 다른 재미가 될 것입니다. 정성환 군의 성장 과정을 함께 따라가며 여러 독자분들이 옥스퍼드라는 도시를 직간접적으로 느끼시고, 또 다양한 인사이트를 얻어가시길 바랍니다.

당신도 지금 흔들리나요

아마 그날부터였을 것이다. 내가 흔들리고 있다는 것을 또렷하게 느낀 날이. 여기서 흔들린다는 표현은 결코 수사적인 표현이 아니다. 실제 내 삶은 흔들리고 있었다. 2021년의 마지막 날 오후 4시 55분. 나는 사내 인트라넷을 열어 F5(새로고침) 버튼을 쉬지 않고 눌러대고 있었다. 5분 후에는 나를 비롯한 이 사무실 모두의 운명이 결정된다. 인사이동 공지에 따라 내가 내일도 오늘과 같은 자리로 출근할지, 평소 갈 일 없던(더 정확히는 관심도 없던 부서의) 층으로 가야 할지가 결정된다. 과장님과 차장님은 평소와 같이 무표정해 보였지만 사무실의 낯선 정적은 우리 모두가 인트라넷 게시물을 노려보고 있음을 알려주었다. 우리 사무실뿐일까. 평소엔 잘만 열리던 게시판이 조금씩 버벅거리는 걸 보니 족히 천 명이 넘는 이 건물 안의 사람들이 나와 같은 행동을 하고 있으리라. 기다리고 기다리던 「22년 상반기 인사이동 공지」라는 제목의 글이 떴다. 떨리는 마음을 부여잡고 간신히 열린 엑셀파일에서 내 이름을 찾는다. 당혹스럽다. 발령받은 부서는 단 한 번도 생각하지 않았던 부서. 5시를 넘어서자 사내 메신저엔 서로의 생사(?)를 확인하는 메시지들이 숨 가쁘게 쌓이기 시작한다. 선배와 동료들은 거침없이 물어댔다. 왜? 네가 거길 왜 가? (저도 묻고 싶네요…) 네가 희망한 부서야? 그 부장님 밑으로? (제가요? 설마요…) 의미 없는 질문과 답변이 쏟아지던 그 날 저녁, 광화문에서의 팀 송년회는 나를 보내는 송별회로 바뀌었다. 6개의 맥주잔이 부딪쳤고, 이 중 나와 또 하나의 잔 주인은 떠난다. 며칠 후엔 새로운 잔 2개가 약간의 이물감도 없이 그 빈자리를 메울 것이다. 나는 그렇게 송별 당했다. 찬바람이 옷깃을 파고들어 자꾸만 고개를 숙여야 했던 2021년의 마지막 밤이었다.

나는 지금 많이 흔들립니다

대한민국의 30대 직장인이라면 '흔들린다'라는 표현에 공감할 것이다. 흔들린다는 건 꼭 고귀한 가치를 향한 열망이나 숨어 있던 본성을 확인한 사람의 갈등 때문만은 아니다. 직무 결정권이 없는 임금노동자는 누구나 흔들린다. 이미 가정을 꾸리고 아이를 키워야 하는 우리 아버지 세대였다면 어땠을까. 매달 들어오는 월급으로 월세를 내고, 냉장고를 채우고, 노모의 병원비를 감당하고, 아이들 학비를 감당해야 했던. 당신들에게 임금이란 한 달을 더 생존할 수 있는 구명키트 같은 것이었을 것이다. 아버지는 부산의 회사에서 40년간 일해서 나와 누이를 키워 대학에 보내셨다. 물론 나에게도 임금은 절대적이다. 금융소득으로 먹고살 수 있는 처지도 아니려니와 적은 점포 하나 소유하지 못한 말 그대로 '노동'을 '임금'으로 교환해야 살수 있는 '임금노동자'이기 때문이다. 나와 같이 비교적 안정적인 금융업계의 정규직이라면 임금은 달콤하기까지 하다. 팬데믹 시절 곤두박질치는 매출에 대출금 이자와 월세, 직원 급여를 어떻게 마련할지 걱정하며 밤잠 설치던 수많은 자영업자분들의 고충을 조금은 안다.

소위 '조직'이 주는 달콤함을 처음 느낀 건 2017년 현대자동차에 입사했을 때였다. 현대자동차 남양연구소에 입사했을 때 목에 걸었던 사원증의 무게를 아직도 기억한다. 그 사원증 덕에 돈을 거의 내지 않아도 되는 내 방(회사 기숙사)이 생겼고, 적금을 들었고, 부모님은 무료 건강검진을 받으실 수 있었다. 매달 통장에 꼬박꼬박 꽂히는 임금 덕분에 내 인생의 미래, 그 '무엇'을 계획할 수 있었다. 현대자동차에서 2년, KB국민카드에서 5년 가까이 일한 끝에 나는 MBA를 위해, 영국 옥스퍼드로 떠났다. 누군가에겐 '돈지랄'이다. 그것도 돈지랄을 통한 자발적 경력단절로 보일 수 있을 것이다. 물론 엄밀히 따지자면 경력단절은 아니다. 더 많은 경력을 얻었다. 돌아와선 이전 회사에서의 인사 발령과는 달리 내 직무와 연봉을 주도적으로 협상할 수 있었다. 또한 옥스퍼드 MBA는 내게 더 고급스럽고 경쟁력 있는 '스펙'을 주었다. 물론 지출은 만만치 않았다. 1년 동안 옥스퍼드 MBA 과정에 학비로만 1억 3천만 원을 '소비'했다. 이 돈은 청춘을 '갈아 넣어' 만들어 낸 내 노동의 그 모든 것이었다. 그러나 투자대비이익률(Return On Investment)로 따져도 장기적으로는 이익이 되는 '투자'였다.

우리 모두의 뿌리 내린 삶을 위하여

섣부른 독자들은 이 책을 "'옥스퍼드'라는 간판을 얻기 위해선 1년 정도 시간과 돈을 태우는 것도 좋다."라는 수준의 자기계발서나 처세서로 오해할 수도 있을 것 같다. 국내 유수의 대학에서도 MBA 프로그램을 운용하고 있고, 많은 직장인과 경영인이 MBA를 '커리어의 도움닫기'로 선택하고 있기 때문이다. 나는 조금 다른 이야기를 전하고 싶었다. 영국행 비행기 표를 끊을 때까지만 해도 내 계획에는 없었던, 아니 사유의 작은 조각조차 잡을 수 없었던 그 '성취'에 대해서 말이다.

누군가에게 이 책은 시간과 노력을 대폭 줄여줄 것이다. MBA 과정, 특히 해외 MBA를 고민하고 있는 이들에겐 더욱 그럴 것이다. 왜냐하면 다양한 정보를 탐색하고 이를 체계적으로 정리하여, 효율적인 실행 프로세스를 도출하는 데에 있어 꽤 유능하다고 생각했던 나에게도 해외 MBA 준비 과정은 쉽지 않았으니까. 또한 누구나 지원한다고 쉽게 입학 허가를 내주는 것도 아니다. 쓸어 담을 수 있는 정보는 있었지만 정보는 산개되어 있었고, 그중 내게 필요한 정보를 선별하기란 쉽지 않았다. 경험자마다 주는 정보가 달랐으며, 각각의 체험에 따라 그 가치에 대한 평가도 달랐다. 이런 점에서 이 책은 직장생활을 하면서 해외 MBA를 준비하는 이들에겐 현장감 있는 안내서가 될 것이다. 비슷한 처지의 평범한 직장인이 어떻게 6개월 만에 해외 MBA 합격증을 얻어낼 수 있었는지, 실질적이고 집약적인 정보를 전달하고자 한다.

그리고 여기에 더해 이 책이 내가 그랬던 것처럼 흔들려야만 했던 대한민국 직장인에게 삶의 주도권과 노동에서의 자기결정권에 대한 새로운 영감을 줄 수 있으면 좋겠다. 1년 동안의 옥스퍼드 생활은 내게 한국 사회가 요구해왔던 전형적인 표상과 '성공'한 직장인이라는 진부한 관념에 대해 새롭게 바라볼 수 있게 해주었다. 나는 무엇을 하는 사람인지, 내가 무슨 일을 하고 싶은지, 또는 어떤 분야에 속하고 싶은지에 대한 체계적인 사유(思惟) 방식을 얻을 수 있었다. 나는 아직도 이 경험을 독자들에게 한 문장으로 설명하는 것이 어렵기만 하다. '내가 무엇을 하는 사람인지'를 나 스스로 알게 되었다고나 할까. 그래서 이 책엔 나의 자전적 경험담이 많이 실려 있다. 내가 걸었던 길이 모범답안이라서가 아니라 오답과 시행착오 끝에 얻은 것들이기 때문이다.

1부

탐색편
: 알아보기, 마음먹기, 결정하기

1장

대기업 7년 차 정 대리는
왜 옥스퍼드로 떠났을까?

심장 한구석의 그 공허함에 대하여

현대자동차 & KB국민카드 입사 모습

그 시절
하지 못했던 질문

    나는 삼수를 했다. 삼수를 통해 원하는 대학에 들어갔냐면 그건 아니다. 첫 수능에서 부산외국어고등학교 전교 9등, 전국 2,500등 수준이었으니 부산에선 나름 '공부 좀 한다는' 소릴 들었다. 학교에는 해외 유학을 목표로 대학 수준의 과목을 선이수하고, 시험 성적에 따라 대학 학점으로 인정받을 수도 있는 과정인 AP(Advanced Placement : 선이수 학점제) 교재로 수업하는 친구들이 있었다. 학비와 사교육비용이 만만치 않게 드는 학교다 보니 대부분 잘사는 집 아이들이었다. 평범한 근로자의 가정이라고 생각하고 자랐지만, 부산외고에서 나는 분명한 흙수저였다. 언감생심 사교육은 엄두도 못 내던 형편이었기에, 남들보다 덜 자고 더 집중하는 수밖에 없었다. 새벽 5시 30분에 학교로 가는 셔틀을 타고 등교했고, 점심시간 종이 울리면 빛의 속도로 급식실로 내려가서 가장 빨리 밥을 먹고 빈 강의실에서 영어듣기를 공부했다. 그리고 매일 저녁 새벽 1시까지 시간을 아끼고 아껴가며 공부하는 나름의 4당 5락 고사를 실천했다. 부모님께 경제적 부담을 드리면 안 된다는 압박이 나를 더욱 채찍질했다. 그랬기에 당시 받아 든 수능점수는 3년간 정신력으로 일궈낸 내 삶의 성적표이기도 했다.

    하지만 나도 부모님도 SKY 입시에 있어서는 완전한 아마추어였다. 친척의 소개로 만난 나름의 전문가(입시 컨설턴트)라는 사람은 합격 가능성을 가늠할 수 있는 지원표를 작성해 주었고, 나와 부모님은 그가 제시한 학과보다 낮은 점수로 지원하기로 했다. 보다 안정적으로 대학에 합격하고 장학금도 노려볼 수 있으리라 생각했기 때문이다. 서울대학교 문헌정보학과와 연세대학교 사회과학대학을 최종 지원 학교 및 학과로 정했다. 이 중 합격 안정권이라 믿었던 연세대 사회과학대학의 예비 합격 번호를 받는 충격적인 일이 발생했다. 나와 같은 생각을 하는 수험생들이 유독 많아서였을까. 상위권 수험생들이 안정권을 선택하자, 기존에 낮은 합격선으로 예상됐던 학과들의 합격선이 폭등했다. 연세대 사회과학대학이 경영, 경제학부보다 높은 합격선을 기록했다. 처음부터 연세대 경영학과를 지원했더라면….

나는 73번이라는 예비 합격자 번호를 받아 들고 날마다 줄어드는 인원수를 확인했다. 등록을 포기한 수험생이 많을수록 추가 합격할 가능성이 컸기 때문이다. 내 앞줄에 있던 69번이 마지막 동아줄을 잡고 올라가는 것을 보고 망연자실했다. 나보다 더 큰 충격을 받으신 건 아버지였다. 아버지는 당신이 입시에 무지해서 이런 말도 안 되는 결과를 낳았다고 자책하셨다. 그런 후에 미안한 얼굴로 한 해만 더 고생하자며 당시 국내 재수학원 중 가장 유명했던 강남의 대성학원에 빚을 내서라도 보내주겠다고 하셨다. 마침 누나가 서울의 회사에 취직했기에 함께 자취하며 견디자는 말씀이었다. 한 달 학원비만 100만 원, 7평짜리 빌라 원룸의 월세가 65만 원, 내 식비와 관리비, 잡비까지 합치면 아버지 월급을 반토막 내고도 남았다.

희망하는 원생에게는 7천 원짜리 도시락이 점심, 저녁으로 제공되었다. 하지만 그 시절에도 내 머릿속에는 '하루 도시락값 1만 4천 원×25일=35만 원. 아버지 월급-(35만 원+학원비 100만 원)….'이라는 산식이 가득 차 있었다. 결국 집에서 한 개 도시락의 양을 조금 더 많이 싸가서 점심과 저녁에 절반씩 나눠 먹는 것으로 조금이라도 부담을 덜고자 했다. 늦은 저녁 친구들이 밥을 먹으러 나간 사이, 빈 교실에서 혼자 찬밥을 오물거리며 나는 부모님에 대한 죄책감과 내게 닥친 불운을 저주했다. 나의 재수가 온 집안을 수렁으로 밀어 넣고 있었다.

　재수를 하면서 알게 된 사실이 3가지가 있다. 첫째는, 대성학원의 학생 대부분이 나와는 비교할 수도 없을 만큼 부유한 환경에서 자라왔다는 사실. 둘째는, 내가 쓰고 있는 말이 '부산 사투리'라는 것(서울에 처음 올라왔기에 과거에는 자각하지 못했던). 그리고 마지막으로 평범한 흙수저 집안에서 애매하게 공부 잘하는 재수생이란 존재의 비루함이라는 사실이었다. 더는 몸과 마음이 버티지 못하였다. 그해 수능점수는 더 떨어져 있었다. 고려대학교 어문학과는 탈락하고 어떤 학문인지도 모르고 지원했던 한양대학교 정보시스템학과에 입학했다. 고교 시절 내내 내 꿈은 SKY 대학교 입학이었다. 그곳이 내 인생의 시작점이어야 한다고 수없이 되뇌었다. 6개월 만에 휴학계를 내고 나는 삼수에 도전했다. 그렇게 SKY 대학이 행복과 성공을 보장할 것이라는 근거 없는 신앙심은 두터워져만 갔다. 이듬해 3월, 나는 이수하지 못한 학점을 채우기 위해 한양대학교 교정으로 등교하고 있었다. 친구들은 나를 '한양대에 다니면서 한양대를 가장 싫어하는 놈'으로 불렀다. 세상의 기준선에서 나는 늘 미달이었고 그랬기에 내 인생은 미생(未生)의 언저리에서 돌 것으로 생각했다.

　SKY 출신이 취업에서 유리하다는 것은 이미 알고 있었지만, 이를 절감한 것은 대학교 2학년 무렵이었다. 연세대 경영학과 선배의 도움으로 세 달간 맥킨지 앤 컴퍼니(McKinsey & Company)의 연구 보조(RA, Research Assistant)로 근무할 수 있었다. 그곳은 논문이나 이론 따위로 축조된 강의실이 아닌 세계의 비즈니스가 역동적으로 움직이는 '프로의 세상'이었다. 아침마다 해외 인력들과 화상과 전화 미팅을 하고, 밤까지 수많은 데이터와 근거자료를 만들어내는 그들을 보며 내 심장이 거칠게 뛰고 있다는 것을 알았다. 졸업 후 여기서 컨설턴트로 일하는 것도 매력적으로 보였다. 그러나 당시 회사의 컨설턴트 분들 중 절반은 해외학교 출신, 나머지 절반은 SKY 출신이었다. 그 외 대학에서 온 사람은 단 한 명도 찾을 수 없었다. SKY 대학 간판이 암행어사 마패까지는 아니더라도 적어도 서류전형에서 탈락하지는 않게 해준다는 씁쓸한 자각이 심장을 옥죄어왔다.

이후 나는 의경으로 군 복무를 하던 중에 편입시험을 준비했다. 그렇게 준비한 연세대학교 경영학과 3학년 편입시험에서는 2차 시험까지 통과했음에도 최종 서류전형에서 탈락했다. 불운에 대한 분노로 재수를 시작했다면, 삼수는 오기로, 편입시험은 내 신앙이 옳았다는 확신으로 치렀다. 편입시험까지 도합 4번의 도전에 실패했을 때 비로소 내가 서 있는 자리를 둘러보기 시작했다. 아마도 이 시절부터 나는 자신에 대해 타인보다는 조금 더 객관적으로 돌아볼 줄 아는 능력을 길렀던 것 같다. 반복된 도전과 좌절이 만들어낸 능력이었다. 현실을 받아들이고 발 딛고선 그곳에서 다시 시작하는 것 말이다. 그러나 그때까지도 나는 정작 내게 던져야 했을 질문을 하지 못했다. 과거로 돌아간다면 반드시 나 자신에게 알려주고 싶은 질문들. 아니, 이 질문을 미리 받았어도 대답하려 하지 않았을 나 자신에게 알려주고 싶은 대답들.

"SKY 합격 이후에 넌 무엇을 하고 싶은 거야? 대기업 임금노동자가 네 꿈이야?"

조금은 서글픈,
조용한 퇴직의 시대

　내가 '현대자동차 연구장학생'에 지원한 것은 어정쩡한 학교 출신의 어정쩡한 미래를 가졌다고 믿는, 편협한 사고를 가진 어린 청년에겐 지극히 합당한 최선의 선택이었는지도 모른다. 대학교 3학년, 생애 첫 정식 면접을 치러 선발된 현대자동차 연구장학생은 약 1년 6개월 동안 다양한 프로젝트를 수행하고 관련 교육을 받았다. 장학생 교육 기간을 이수한 후, 현대자동차 남양연구소의 연구원으로 채용되었다. 아마 내 삶의 목표가 대기업 정규직이었다면 현대자동차가 내 인생의 2막이었을 것이고, 결혼이라는 인생 3막을 보다 빨리 준비했을지도 모르겠다. 월급과 거대한 조직이 가져다주는 안정감도 잠시, 대기업에 입사하면 행복할 것이라는 생각은 조금씩 허물어졌다. 출퇴근 시간마다 셔틀버스에 오르기 위해 뛰어야 했던 고단함이나 생각보다 야박하게 느껴졌던 월급 따위는 중요한 고민이 아니었다. 나를 결단 내리게 한 핵심은 내 커리어 성장의 방향성이었다.

　분명 현대자동차라는 사회적 간판과 훌륭한 사내 복지제도는 여타 대기업들에 결코 뒤지지 않는다. 하지만 현대자동차 연구소에서 업무적으로 성장하기에는 당연히 연구 분야에 초점이 맞춰져 있었다. 내가 학부 시절부터 관심 있었던 금융과 전략컨설팅 부문과는 결이 다르다고 판단했다. 내가 KB국민카드로 이직한 가장 큰 이유 중 하나였다. 자동차 연구소와는 전혀 다른 업종이었기에 공채 신입으로 새로이 입사해야 하는 부담감이 있었다. 하지만 금융업계 종사자들과의 교류를 통해 내가 꿈꾸던 방향으로 미래를 보다 구체적으로 그려볼 수 있을 것이란 기대가 있었다. 화성에 위치한 현대자동차 남양연구소와 달리 서울의 중심지 광화문에서 근무할 수 있다는 것도 동기부여가 되었다. 2년 만에 다시 신입사원이 된 만큼 조금은 더 여유를 가지고 다양한 사내 활동을 해나갔고, 신사업 아이템을 제안하고 이를 추진하며 사장 표창도 받아 보았다.

2023년, 대기업의 임금노동자로 일한 지 7년 차. 과거 기대했던 것과는 달리, 나는 아직 내 미래가 잘 그려지지 않는다. 내년에 어느 부서로 배치될지, 발령된 곳에서 어떤 업무를 해야 하고 이를 잘하기 위해 지금 어떤 노력을 해야 하는지조차 알 수 없다. 내년 한 해 동안 일할 부서의 분위기가 편안한 곳이 될 수도, 조금은 딱딱한 곳이 될 수도 있다. 꿈 많던 취업 준비 시절 나는 회사를 판단할 때 크게 다섯 가지의 카테고리에서 분석모델을 세웠다. 연봉, 워라밸, 복지혜택, 커리어 발전 가능성, 주변 동료들. 총 5가지를 근거로 가고자 하는 회사들의 장단점을 보다 객관적으로 비교 분석하곤 하였다. 하지만 이 직장 분석모델이 이제는 같은 건물 속 부서들 간의 장단점을 분석하는 데 쓰이고 있다. 이 부서는 이 점이 좋은데, 저 점은 별로구나…. 이렇게 한 치 앞날의 방향성도 못 잡은 채 조금 더 달콤해져 가는 월급과 복지와 직급을 바라보며 생존하기만 하면 되는가?

33살, 이제 더는 신입사원이 되기도, 전문직 시험을 준비하기도 애매한 나이다. 그렇지만 내가 어떤 영역에서의 전문가인지, 또는 전문가가 되려하는지는 분명하게 말할 수 있어야 하는 나이라고 생각했다. 여러 업무를 해보며 어느 정도 내가 가진 역량의 강점들은 파악되어 갔지만, 도대체 내가 어디에 속한 사람인지는 명확하게 표현하기가 어려웠다. 주말에 가끔 소개팅을 할 때면 자연스럽게 직장과 직무에 관한 이야기가 나온다. 내가 어떤 일을 하는 사람인지가 주된 주제가 될 때마다 나는 표현하지는 않았지만, 매번 속으로 난감함을 느끼곤 하였다. 진짜 내가 '이 분야의 사람인 건가?'

라그랑주 포인트(Lagrangian point)라는 곳이 있다. 2021년 성탄절에 항해를 시작한 제임스 웹 우주 망원경은 6개월 후 놀라운 사진들을 전송하여 심우주의 장막을 열었다. 검은 암흑물질로 보였던 점 하나를 확대하자 수천 개의 은하가 펼쳐졌다. 제임스 웹 우주 망원경의 목적지는 라그랑주 포인트였다. 라그랑주 포인트는 두 천체의 중력이 균형을 이루어, 상대적으로 안정적인 위치를 유지할 수 있는 지점이다. 우주정거장에서 유영하는 우주인이 우리 눈에는 고정된 지점에서 무중력 부양하는 것처럼 보이지만, 실제로 그는 초속 7.68/km, 그러니까 마하 23 정도의 속도로 돌고 있다. 지구의 자전 때문에 우리 눈에는 자유로운 유영으로 비칠 뿐이다. 이 공간에서 지구는 세밀하게 관측할 수 있지만, 저 너머 심연의 것은 제대로 살필 수가 없다. 궤도를 조금이라도 이탈하는 순간 우주정거장은 지구 중력에 포섭된다. 늘 정밀한 궤도를 유지하기 위해 안간힘을 쓰며 마하 23 정도의 속도로 날아가야 하는 것이다.

당시 나에게 필요했던 것이 일종의 라그랑주 포인트였다. 규칙적인 노동과 임금이라는 저궤도 운동에 포섭되어 마침내 대기와의 마찰로 불타버리는 신세(원치 않는 일을 기계적으로 하는)가 되지 않기 위해선 주변을 두루 관측할수 있는 공간이 필요했다. 따라서 나는 내가 서 있는 곳의 정확한 좌표를 읽어내고, 내가 떠날 수 있는 현실적인 공간을 탐색하기 시작했다. 내가 선

곳의 가장 뚜렷한 좌표는 바로 33살이라는 물리적 시간이었다.

한 저명한 물리학자가 유튜브 채널에서 한 발언이 네티즌을 발끈하게 만든 사건이 있었다.

"물리학자들이 보기에 세상의 절대가치 하나가 있어요. 바로 시간이에요. 시간은 누구에게나 똑같이 흘러가요. 그렇기 때문에 시간으로 우리가 그 무엇을 거래하거나 판단하는 것이 가장 평등한 거예요. 그래서 형벌 체계가 일정기간 감옥에 있도록 하거든요. 그 형벌을 돈으로 할 수 있을 텐데 돈은 사람에게 평등할 수가 없어요. (중략) 사람이 하고 싶지 않은 일을 하지 않는 것이야말로 정말로 소중한 가치라고 생각해요. 그래서 어리석은 사람이 자기 시간으로 돈을 벌어요."

이 영상에 달린 댓글들은 시퍼렇게 날이 서 있었다.

"그 귀한 시간을 가족 혹은 누군가를 위해서 쓰는 사람들은 위대합니다."
"하고 싶지 않은 일을 할 수밖에 없을 때가 돼서야 비로소 어른이 되어 간다고 느끼고 있습니다."
"당신을 먹여 살리고 공부시켜 준 당신의 부모님도 시간을 갈아 넣어 돈을 버셨다."

그 물리학자는 그 방송 이후에 '어리석다'라는 말 대신에 '서글프다'라는 표현을 선택하지 않은 자신의 무심함을 자책했을지도 모른다. 많은 사람에게 그 물리학자의 발언은 결코 가볍게 다가오지 않는다. 날선 반응의 근저에는 그가 바로 산업화 시대 임금노동의 본질을 정확히 짚은, 반박하기 어려운 진실을 건드렸다는 점이 깔려 있었다. 하고 싶지 않은 일이지만, 자신의 시간을 팔아야 하는 꽉 짜인 이 구조적 얼개. 자주적인 인간이 자기 노동의 결정권을 상실하게 되는 과정. 이것들이 현대사회 임금노동의 서글픔인지도 모른다. 이 구조 속에서 나는 나의 만족과 노동에서의 상대적 주도권을 확보해야 했다. 누가 알았겠는가? 180년 전에 카를 마르크스가 말한 '소외 노동(alienated labour)'이라는 개념이 오늘날에도 유효할지.

임금노동자의 노동에 대한 주체성 상실이 현대사회에서도 하나의 현상으로 나타나고 있다. 바로 '조용한 퇴사', '조용한 퇴직'이라는 개념이다. 개인적인 의견일 수 있으나, 과거부터 이어져 온 '소외노동'이 그 형태를 달리하여 나타나고 있다고 생각한다. 조용한 퇴직은 자발적으로 노동 강도를 낮추는 개념이지만, 노동 과정에서 주체성을 상실하고 의미를 찾지 못한다는 점에서 마르크스가 지적한 소외 노동과 닮은 점이 있다. 내 시간을 임금을 위한 노동으로 등가교환 하는 과정에서 진정한 의미를 찾지 못하는 사람들이 많아지면서 일종의 낙담과 포기의 지점이 발생한다. 이로 인해 최소한의 일만 하며 현 상황을 유지한 채, 노동 외의 영역에서 삶의 의미를 찾으려 한다. 조용한 퇴직의 시대 속 임금노동자인 나에게도 흔들림, 서글픔, 주체성의 상실에 대한 고민은 피할 수 없으며, 곧 삶의 지향점에 대한 고민으로 이어진다. 이를 해결하기 위해 궁극적으로 내 인생 전반을 아우르는 노동의 방향과 의미를 찾아야만 했다.

굳이 MBA를
선택한 이유

아마 이즈음에서 독자들은 이런 의문을 가질지도 모르겠다. 해마다 반복되는 순환 근무와 적성에 맞지 않는 노동에서 가치를 찾지 못했다면, 근로소득이 아닌 금융소득 또는 경영이익으로 돈을 벌어야 하는 것 아니냐고? 틀린 말은 아니다. 아마 훗날 내가 꿈꾸는 사업 아이템을 직접 경영해보거나, 주식, 부동산 등 한국 직장인이라면 누구나 관심 있는 재테크 영역에 승부수를 던져 그 금융소득만으로도 살아갈 수 있는 사람이 되어 있을지도. 훗날 말이다. '노동과 일상의 균형'(워라밸)을 가장 중요한 가치로 생각하는 사람도 있지만, 나에겐 워라밸만큼이나 내 삶이 흔들리지 않도록 뿌리내릴 수 있는 가치 실현으로서의 노동이 중요하다. 나의 노력으로 구현되는 구체적인 성과를 좋아하고, 가슴 뛰는 일이라면 시간이 조금도 아깝지 않기 때문이다. 그리고 그 일이 나를 성장시키고 있다면 더더욱. 그러니 더 늦기 전에 뿌리내리고 지향해야 할 방위를 알아야 했다. 나는 크게 두 가지 방향으로 '뿌리내릴 곳 찾기 프로젝트'를 시작했다.

첫째로, 조금 더 전문적인 직무를 줄 수 있는 회사로의 이직이다. 내가 속한 회사뿐만이 아니라 다수의 국내 대기업이 전반적인 역량을 두루 갖춘 제너럴리스트(Generalist)를 육성하기 위해 순환 근무 제도를 실시한다. 이로 인해 당시 직장에서 4년 가까이 흔들리던 나는 규모는 더 작아도 명확한 직무가 주어지는 직장으로의 이직을 고민했다. 그러나 현대자동차와 KB금융그룹에서 경험했듯, 어느 하나가 좋으면 어느 하나가 아쉽기 마련이다. 각 직장마다의 장단점을 비교해서 선택한다 해도, "나는 왜 일하는가?"라는 근원적 질문에 대한 답이 될지 확신이 서지 않는다. 그러니 이직은 잠시 보류하자.

둘째로, 보다 근원적인 해결책이 될 수도 있는 방법이다. 내가 어떤 분야의 사람이고 어떤 일을 하는 사람인지를 보다 명확히 해줄 학위를 취득하는 것이다. 속된 말로 '가방끈 늘리기'이다. 학사를 졸업한 이후에 석사 혹은 박사의 길을 선택하여, 전문적인 역량을 갖추어가는 친구들을 많이 보았다. 회사 생활과는 또 다른 고통(?) 속에서 몸부림치는 그들을 보며 '역시 세상살이 쉬운 일이 없구나.' 정도로 생각해 왔다. 그렇지만 내 나이를 고려해 보았을 때 이직을 제외하고는 꽤나 매력적이고 합리적인 선택지로 보인다. 보다 높은 학위가 내 행복과 커리어 방향성을 보장해 주지는 않겠지만, 학위를 따는 과정에서 이전과는 차원이 다른 '삶의 방향성 찾기'를 해볼수 있지 않을까? 무엇보다 석·박사 전형 등을 통해 회사에 채용된 사람들은 모두가 그런 것은 아니나, 상대적으로 나보다는 명확한 방향성을 가지고 살아가는 듯 보였다.

나는 잘 정리된 책상 위에 놓인 백지 한 장을 좋아한다. 모호하거나 또는 너무나 거대한 질문 앞에서 갈피를 잡지 못할 때 백지를 놓고 칼로 썰어내듯 문제를 잘라내서 구체화하면 안 보이던 것들이 보이기 때문이다. 백지가 주는 강점은 또 있다. 그 어떤 문제나 조건도 틀에서 벗어나 적을 수 있기 때문이다. 그래서 나는 근원적인 지점에서 사유를 시작해서 결론을 도출하는 과정을 좋아한다. 학위를 추가로 취득하는 것으로 가닥이 잡힌 만큼 나는 객관적으로 현실을 분석했다. 지금 내가 도전할 수 있는 학위가 무엇인지(일반 석사인지, MBA와 같은 특수성이 있는 학위의 취득인지), 어디서 딸 것인지(국내인지, 해외인지), 언제 입학할 것인지(조금 더 돈을 모아야 하는지, 당장 추진해도 되는지), 어떻게 준비해야 하는지(회사에 다니면서 혹은 퇴사하고 나서) 등.

가장 먼저 정해야 할 것은 당연한 말이지만 '무엇을 공부할 것인가'이다. 학부 시절 전공한 정보시스템학과(MIS, Management Information System)는 경영학과 컴퓨터공학을 두루 배울 수 있는 범용성이 높은 학문이었다. 그런 만큼 그동안 내가 일해온 영역과 기존 학부 전공을 종합적으로 고려해서 방향성을 잡는 것이 효과적으로 보였다. 최근 트렌드를 보자면 AI나 데이터 관련 분야의 학위를 취득하는 것이 가장 좋아 보이지만, 관련 분야들을 공부하기엔 나의 공학적 베이스가 너무나도 얕았다. 또한 내가 쌓아온 업무 경험역시, 테크 분야와 연결하기엔 어색했다. 그래서 좀 더 광범위할 수는 있으나, 경영과 경제 분야의 학위에 초점을 맞추어서 알아보기 시작했다. 그리고 이 과정에서 경영학, 경제학과 같은 학문 분야뿐만이 아니라 실용성을 강조한 MBA(Master of Business Administration)가 매력적으로 보이기 시작했다. 뿌리내리기 프로젝트의 가장 큰 목적이 방향성 찾기였던 만큼, MBA에서는 학문적 성취 외에도 향후 커리어 방향성을 찾아가는 데 도움이 될 법한 실용적인 과정들이 많이 보였기 때문이다.

반드시 실제 현실 속의 조언을 반영하라

사람 셋이 모이면 그중에 내 스승이 반드시 한 명은 있다고 하였다. 나는 지금껏 인생에서 큰 결정을 내려야 할 때가 오면 항상 그 분야의 전문가 3명을 인터뷰하고 그중 가장 나은 의견을 수렴했다. 학위 취득을 고민하고 있을 때 아무리 각 학교의 입시요강, 대학원 전공리스트, 상세설명 등을 살펴보아도 현실적으로 이해되지 않는 대목이 많았다. 어느 정도 공부할 방향성이 큰 틀에서 정해졌다면, 꼭 그 분야의 학위를 취득하고 있는 최소 세 학교 이상의 사람들을 만나보자. 같은 분야라 할지라도 학교나 교수 스타일에 따라 학습 방식이 천차만별이며, 학위 취득 이후의 방향성에도 큰 차이를 보일 수 있다. 물론 전공 방향 자체가 고민이 될 때도 내 마음속 'Best 3' 분야를 정하고 각 분야의 사람들을 꼭 직접 인터뷰하길 추천한다.

나는 이직을 고려할 때도 항상 그 회사에 다니는 지인들을 먼저 찾아가 직접 물어보았다. 이직하려 하는 회사 건물도 살펴보고 커피 한 잔, 밥 한 끼 하면서 겉으로는 알 수 없는 내부 사정을 들을 수도 있기 때문이다. 또한 MBA를 갈 지역을 선택할 때에도, 링크드인(LinkedIn, 비즈니스 중심 소셜네트워크 플랫폼)이나 주변 지인들의 연결 등을 통해 그 분야를 경험한 사람들로부터 최대한 많은 정보를 직접 듣고자 하였다. 이러한 현장의 이야기를 바탕으로 나름의 최선이라 믿는 선택을 해나갈 수 있었고, 이후 실전에서는 그 선택들이 꽤나 높은 확률로 옳았음을 알 수 있었다.

그렇다면 국내인가,
해외인가

MBA, 한국에서는 경영전문대학원 과정이라고 잘 알려져 있지만, 그곳에서 도대체 무엇을 배우는지는 잘 와 닿지 않는다. '경영'을 '전문'으로 배운다지 않는가. 드라마 속 재벌 3세 '실장님'이나 기업 회장님들이 다니는 곳 같기도 하다. 일반적으로 '경영'은 높은 위치의 경영자만 하는 것으로 오인하기 쉽기 때문이다. 이제는 없어서는 안 될 나의 파트너, 챗지피티(ChatGPT)에게 물어보았다.

"MBA(Master of Business Administration)는 경영학 석사 과정으로, 비즈니스 및 관리 분야의 고급 지식을 제공하는 프로그램입니다. (중략) MBA는 커리어 전환, 네트워크 확장, 리더십 개발에 유용한 학위로 평가받고 있습니다."

여기서 마지막 문구가 중요하다. 커리어 전환과 네트워크 확장이라는 단어. 이렇듯 MBA는 직장인이 더 높은 수준의 직무 능력을 원하거나, 기존에 쌓아온 커리어나 전공과는 다른 분야의 학습을 희망하거나, 서로 다른 커리어를 가진 이들과 시너지를 창출해보고자 하거나, 기존의 산업 분야에서 만나지 못했던 인적 자원들과의 활발한 교류를 희망하는 등의 이유로 선택한다. 나와 같이 새로운 커리어를 고민하는 이들이 충분히 도전해 볼 수 있는 영역이라는 것이다.

대한민국의 자랑, 서울대학교 경영전문대학원의 소개만 보아도 이를 알 수 있다.

"서울대학교 경영전문대학원(SNU Business School)은 국내외에서 인정받는 명성 높은 경영 교육 기관으로, 이론과 실무를 균형 있게 학습할 수 있는 환경을 제공합니다. 최신 경영 트렌드와 연구 결과를 반영한 커리큘럼은 글로벌 비즈니스 환경에서의 경쟁력을 키우는 데 중점을 두며, 다양한 산업 분야에서 경험이 풍부한 교수진이 심도 있는 교육을 담당합니다. 학생들은 글로벌 네트워크와 해외 연계 프로그램을 통해 국제적 시각을 넓히고, 산학 협력 및 인턴십 기회를 통해 실제 경험을 쌓을 수 있습니다. 맞춤형 커리큘럼과 경력 관리 지원을 통해 개인의 목표에 맞춘 체계적인 교육을 받으며, 졸업생들은 다양한 분야에서 성공적인 커리어를 구축하고 있습니다."

학위 취득을 통한 삶의 방향성 정립을 고민하던 나에게는 순수학문 분야보다는 MBA가 상대적으로 실용적이고 효율적인 과정으로 보였다. 하지만 MBA는 비싸다. 비싸도 너무 비싸다. 그렇기에 사실 국내냐, 해외냐의 문제를 고민할 때, 선제적으로 내가 가용할 수 있는 자원을 따져보아야 한다. 여기서 자원이라 하면 순수 MBA 학비를 포함하여, 유학하는 동안 필요한 생활비와 여비, MBA 기간 동안 기존 회사에서 벌 수 있었을 연봉과 같은 기회비용 등을 모두 포함한 개념이다.

첫째로, 학비 측면에서 국내와 해외 MBA를 비교했다. 국내 MBA는 국내 여러 회사들과 연결된 프로그램들이 있기도 하고, 국내 대학원 학비 지원제도가 있는 회사들도 많은 편이라 비용 부담을 줄일 수 있는 기회가 더 많다. 물론 해외 MBA 과정을 지원하는 기업들도 있다. 그러나 대부분은 몇몇 공기업들에서 매우 제한된 인원을 대상으로 해외 MBA 학비 지원을 해주고 있는 실정이었다. 그리고 학비 자체를 대략적으로 비교해 보아도 국내 MBA의 평균 학비는 4천만 원 ~ 6천만 원 수준인 데 반해, 해외 MBA의 경우에는 1년에 8천만 원~1억 5천만 원 정도로 볼 수 있었다(해외 학교들 간 편차가 심하고, 각 나라별 환율 등의 변수들은 있겠지만).

둘째로, 지역별 생활비나 기타 여비를 고려해야 한다. 물론 개인의 생활 양식에 따라 차이가 크겠지만, 해외 지역별 생활비와 물가에 대한 전반적인 파악이 필요했다. 해외에서 장기간 체류를 해본 경험이 없는 만큼, 단순히 한국 수준의 생활비를 예상했다가는 큰 낭패를 볼 수도 있겠다고 생각했기 때문이다. [Tip 1]에서 언급했듯, 이미 해외 MBA 과정을 마치고 온 3명의 MBA 선배들을 찾아 조언을 구했다. 그리고 그들을 통해 미국이나 영국 등에서 MBA를 하는 동안 소요되는 실질적인 비용에 대해 파악할 수 있었다. 아무래도 사회 경험이 많은 사람들이 모이는 MBA이다 보니 내 예상보다 의복이나 식비(다소 고급진) 등 부수적으로 나가는 지출들이 많았다. 또한 MBA의 다양한 네트워킹 행사와 틈틈이 발생하는 여행 비용 등을 함께 고려하면 MBA 학비만큼의 비용이 생활비와 여비 명목으로 지출될 것을 그들의 이야기를 통해 예상할 수 있었다.

셋째로, MBA 기간 동안 벌지 못하는 연봉, 즉 기회비용의 측면이다. 한국과 미국의 경우 대부분 2년 과정의 MBA가 주를 이루나, 한국은 회사를 다니며 취득할 수 있는 과정들이 많기 때문에 기회비용 측면에서는 유리하다. 해외 MBA 중에서도 유럽은 미국과 달리 대부분 1년 과정이기 때문에 유럽이 더 유리했다. '내가 과연 1년 혹은 2년 동안 벌 수 있을 연봉을 포기하고 MBA 과정을 갈 수 있을 것인가?' 자신의 상황에 대해 객관적으로 질문을 던지며, 앞으로 다가올 무임금 기간 역시 신중히 고려해야 한다.

　마지막으로 MBA 과정 이후에 내가 일하고자 하는 지역을 고려해야 한다. 내가 앞으로 한국에서 커리어를 쌓아나갈 것인지, 해외에서 쌓아나갈 것인지에 따라 비행기 티켓이 결정될 수 있다. 물론 국내 MBA를 취득했다고 해서 해외 커리어를 쌓는 것이 불가능하거나, 해외 MBA를 나왔다고 무조건 해외에서 커리어를 쌓을 수 있는 것도 아니다. 다만 내가 커리어를 쌓고자 하는 지역에서 근무하기 위해 더 많은 기회를 제공하는 곳이 어디일지 함께 살펴보아야 한다. 옥스퍼드 사이드 비즈니스 스쿨(Oxford Saïd Business School) 역시 많은 글로벌 기업들과 연계되어 있고, 여러 조별과제들도 실제 해외 기업들의 프로젝트를 진행하는 경우가 많다. 이 과정에서 해당 기업의 관련자들이 참여하는 경우가 많은데, 해외에서 지속해서 커리어를 쌓고자 하는 이들에게는 중요한 기회의 창구가 될 수도 있기 때문이다.

　나는 국내 MBA 프로그램들에도 많은 매력을 느꼈지만, 한 번도 유학을 못 해본 나만의 '한' 같은 것이 있었다. 그래서 앞서 살펴본 학비, 생활비, 기회비용 측면을 모두 감안하더라도 해외 MBA가 우선적으로 더 매력적으로 다가왔다. 기왕에 리스크를 감수할라치면 제대로 걸어보자는 리스크 테이커('Risk Taker', 위험수용형) 성향이 강해서 그랬을지도 모르겠다. 또한 회사 지원 등을 통해 국내 MBA를 가게 될 경우 지원받은 회사에 일정 기간 의무적으로 근무해야 한다. 따라서 보다 자유로운 선택지가 있는 해외 MBA가 더 매력적으로 다가왔다. 또 혹시 모르지 않는가, 내가 해외 현지 기업들과 잘 맞을지도. 해외 MBA로 방향을 설정하고 나니 나의 계획은 더욱 구체성을 띠기 시작하였다.

국내와 해외 주요 MBA 프로그램 특성

    국내와 해외 MBA를 고민할 때 경영전문대학원들의 전반적인 순위도 함께 참고할 것을 추천한다. 물론 평가 매체마다 조금씩 그 순위는 다르게 나타나기도 하지만, 그런 만큼 여러 지표를 살펴보며 학교들에 대한 평가 경향성을 파악하는 것이 중요하다. 아래 표는 국내와 해외의 MBA 순위리스트와 관련 설명들을 정리한 것이다. 물론 매년 변동될 수 있지만, 어느 정도 학교들의 순위와 학위 취득에 필요한 시간, 특장점 등을 참고하는 것은 MBA 프로그램을 선택하는 데 있어 중요한 과정이다.

국내 MBA TOP 10 (2024년, University GURU 기준)

순위	학교	특장점
1	연세대학교 MBA	강력한 동문 네트워크를 통한 멘토링 및 취업기회를 제공, 국제적인 비즈니스 마인드 함양
2	성균관대학교 MBA	IT와 경영을 융합한 특화 커리큘럼 제공 및 창업지원프로그램 제공
3	서울대학교 MBA	국내 최고 수준의 교수진, 글로벌 네트워크, 실무 중심 교육, 산학 협력 프로그램 등이 강점
4	KAIST 경영대학원	최신 경영 트렌드 반영한 혁신적 커리큘럼 제공, 스타트업 지원 및 창업 프로그램
5	고려대학교 MBA	강력한 글로벌 네트워크 및 다양한 산업 연계 프로그램 보유, 창의적 문제해결 교육 제공

6	중앙대학교 MBA	복수 학위 및 특성화 영역별 심화 과정 제공
7	전남대학교 MBA	기업환경에 맞는 현장 중심 교육 진행, 다양한 기업 연계 활동 및 협력관계 구축
8	서강대학교 MBA	세계 최고 수준의 경영대학들과 다수의 파트너십, 이를 통한 동시 학위 취득 가능
9	우송대학교 MBA	철도경영학, 세무회계 커리큘럼 등 학생 니즈에 맞는 특색 있는 수업 수강이 가능
10	동국대학교 MBA	데이터, 의료기기, 제약 등 다양한 산업에 특화된 커리큘럼 제공

해외 MBA TOP 20 (2024년, QS기준)

순위	학교	국가	주요 MBA 기간	특장점
1	스탠퍼드 경영대학원	미국	2년	혁신적 교육과정, 창의적 문제해결, 강력한 동문 네트워크 및 스타트업 지원
2	와튼 경영대학원 (University of Pennsylvania)	미국	2년	강력한 글로벌 네트워크 보유, 금융 및 경영 분야에 강점
3	하버드 경영대학원	미국	2년	세계 최고의 교수진, 토론식 수업이 특징. C레벨 양성에 강점
4	런던 경영대학원	영국	15개월	경제, 금융 부문에 강점, 다양한 산업 분야의 교육 제공
5	HEC 경영대학원	프랑스	16개월	글로벌 동문 네트워크 및 실무 중심 교육 강점
6	MIT 슬론 경영대학원	미국	2년	기술 및 혁신 중심, 창의적 문제해결 강조, 기업가정신 강조
7	컬럼비아 경영대학원	미국	2년	강력한 금융 및 경영 교육, 글로벌 네트워크, 실무 중심의 교육
8	IE 경영대학원	스페인	11개월	글로벌 비즈니스 시각 함양 및 다양한 산업과 연계 활동
9	저지(Judge) 경영대학원 (Cambridge)	영국	1년	혁신적 커리큘럼 및 기업가정신 강조
9	IESE 경영대학원	스페인	19개월	강력한 글로벌 네트워크를 바탕으로 실무 중심 교육 강조
11	인시아드 경영대학원	프랑스	10개월	다양한 문화적 배경을 바탕으로 한 글로벌 네트워크 보유
12	켈로그 경영대학원 (Northwestern)	미국	2년	마케팅 분야에서 강점 있으며 컨설팅 및 테크 분야 다수 진출
13	하스 경영대학원(UC Berkeley)	미국	2년	테크 분야와 스타트업 부문에 강점이 있음

14	시카고부스 경영대학원	미국	2년	금융 분야에 강점 있으며, 데이터 중심 교육
15	앤더슨 경영대학원(UCLA)	미국	2년	현장 중심의 비즈니스 시각 강조 및 강력한 동문 네트워크 보유
16	예일대 경영대학원	미국	2년	리더십 교육 강조, 다양한 산업 연계 및 투자 활발
17	스턴(Stern)경영대학원(NYU)	미국	2년	금융 및 경영 분야에 강점, 글로벌 비즈니스 네트워크와 혁신적 교육
18	사이드 경영대학원(Oxford)	영국	1년	ESG 및 기업 가치 중심의 교육, 강력한 동문 네트워크 보유
19	에사드(Esade) 경영대학원	스페인	18개월	혁신적 커리큘럼, 강력한 글로벌 네트워크, 실무 중심 교육
20	임페리얼 경영대학원	영국	1년	혁신성과 창의력, 실무 기반의 전략 수립 강조

2장

'옥스퍼드'여야만 했던 이유

과감한 결심을 구체화해준 정보탐색의 중요성

옥스퍼드 입학식 날, 래드클리프 카메라 앞에서

큰 결정일수록
현장에 답이 있다

　외국어고등학교를 다니며 오래도록 유학을 동경해왔기에 유학에 관한 어느 정도의 '감'을 가지고 있었다. 하지만 33살 삼촌 나이에 떠나도 되는 걸까? 막연한 불안감은 어쩔 수 없었다. 우선 언어에 대한 우려가 있었다. 실제 유학 생활 동안 경험해야 할 수준은 현지인에게 길을 묻거나, 식당에서 유창하게 주문하는 수준의 '생존형 영어'를 한참 뛰어넘을 것이다. 경영학 관련 학술 용어가 강의 시간에 줄줄 튀어나올 것이고, 세계 각국의 특색 있는 영어를 쓰는 이들과 조별과제(팀플)를 해야 할 것이다. 과연 이들과 전문 영어를 곁들이며 토론이나 토의가 가능할지 걱정이 이어졌다. 더군다나 회사 생활을 하며 오히려 학생 때보다 영어를 쓰거나 공부할 일이 적어졌다. 그리고 유학 경험자라면 너나없이 쏟아놓는 '눈물 없인 들을 수 없는' 신파적 고난을 나라고 피할 수 있을까. 첫 주거지를 구할 때 소통이 잘되지 않아 고생한 이야기, 수업에 적응하지 못해 바보가 된 것 같은 자괴감에 밤하늘의 별만 보았다는…. 게다가 이제 내 몸은 대학 시절 라면에 맨밥을 말아먹고도 잘 뛰어다녔던 체력이 아니다. 이미 적절한 소비와 편안한 잠자리에 늘어진(?) 내 몸이 적응할 수 있을까…. 그럼에도 이 모든 근심과 걱정들을 넘어 유학을 결심하게 된 것은 미래에 대한 상상 훈련(?) 덕분이었다.

말라비틀어진 바게트나 냉동 햄버거를 씹으며 라디에이터 앞에서 오돌오돌 떨고 있는 모습 대신 화려한 디너파티에서 각국의 인재들과 자연스레 대화하며 교류하는 내 모습을 자주 상상했다. 어차피 유학은 내 청춘의 오랜 로망이자 인생의 '버킷리스트'이지 않았는가?

　이제 지도를 노려보며 어디로 떠나갈지 결정해야 했다. 어떤 정보든 직접 찾아보는 평소 습관대로 최소 세 곳의 유학원을 방문하여 실질적인 정보들을 취득하기로 하였다. 소셜미디어(SNS)나 경험자의 조언만으로는 자칫 편향된 선택을 할 수 있기 때문이다. 시간을 아끼기 위해 주중에 유학원들에 상담 예약을 해두었고, 주말 동안 다섯 군데의 유학원을 순차적으로 들러 상담을 받았다. 상담을 해가며 어느 정도 정보가 쌓이자, 나라별 특징과 장단점을 더욱 구체적으로 파악할 수 있었다. 무엇보다 나와 같은 선택을 했던 사람들의 현실감 있는 사례들을 들을 수 있었다.

　자발적 경력단절까지 각오했던 만큼 나와 비슷한 길을 선택했던 사람들이 실제로 어느 정도의 희생(투자비용, 준비기간, 퇴사 여부 등)을 감수했는지, 그 이후의 커리어는 어떻게 이어 갔는지를 알아가며 불안함을 달래기도 했다. 생각보다 많은 직장인들이 MBA뿐만이 아니라 다양한 석·박사 과정을 통해 자신의 방향성을 구체화해 나갔다. 놀랍게도⑴ 그들 역시 나와 같은 고민을 하였고, 나보다 앞서 더 나은 삶과 커리어를 위해 과감한 결단을 하였다.

　유학을 위한 전반적인 사항들에 대해 어느 정도 감이 잡히자, 재직 중에 이 대업⑴을 압축적으로 진행해야 할 필요성을 느꼈다. 유학 준비를 장기전으로 끌고 가기보단 현실적 리스크는 줄인 채, 최대한 단기전으로 이 준비 과정을 끝내는 것이 나에게는 맞다고 판단했기 때문이다. 앞서 살펴본 학비, 생활비, 기회비용 등 모든 측면에서 해외 MBA를 선택함으로 인해 안고 가야할 리스크는 더 커졌다. 그런 만큼 퇴사 후 무직 기간을 줄이고, 최소 6개월 안에 해외 MBA에 합격하는 것을 목표로 삼아 리스크를 최소화해 나가고자 했다.

그리고 이를 위해 내 시간과 시행착오를 줄여줄 좋은 조력자를 얻는 데 성공했다. 나와 나의 조력자(유학 컨설턴트)는 크게 2개의 대륙으로 지역을 좁혀나가며 유망한 유학지를 분석해 나갔다. 미국과 유럽이었다. 이에 따른 비용과 준비사항, 유학 이후의 대략적인 커리어 방향까지 하나씩 정리해 갔다. 물론 각종 자료를 조금만 분석해도 이제 미국 MBA만이 각광받는 시대는 아니라는 것을 알 수 있었다. 미국 MBA뿐만이 아니라 중국, 홍콩 등 아시아 문화권의 유명한 MBA도 많았다. 단 나의 경우에는 이왕 해외 유학을 선택한 김에, 보다 새롭고 기존에 선망했던 유럽 MBA를 선택하는 것이 학위 취득 기간과 기회비용 측면에서도 더 적합하다는 결론을 내릴 수 있었다.

조력자(유학원)
구하기

  어린 시절 어학연수나 유학을 가본 적이 없다 보니 나의 경우 유학원의 도움을 받는 것이 효율적이었다. 무엇보다 회사에 다니면서 복잡한 해외 유학 준비 프로세스를 효율적으로 수행하기 위해서는 든든한 조력자가 필요했다. 따라서 재직 중에 해외 유학을 준비한다면, 유학원 혹은 준비과정을 도와줄 조력자를 구해보는 것도 좋은 방법이다. 나의 경우 유학 컨설턴트를 구해 가장 큰 범주의 문제, 즉 어떤 지역과 학교로 지원할 것인지에 대한 구체적인 근거를 얻을 수 있었다. 이후에는 친분을 활용하여 해외 MBA 졸업생을 만났고, 그를 통해 MBA 지원에 필요한 다양한 서류들과 입학 지원 전략 등의 도움을 받았다.

  우선 정보탐색과 본격적인 지원과정을 시작하기 위해 유학원을 고르는 팁에 대해 알아보자. 사실 대부분의 유학원이 어린 학생들의 어학연수 프로그램이나 중고등학교 과정, 학부 유학을 중심 사업으로 하고 있다. 그렇다 보니 유독 석사 과정만큼은 유학원마다 꽤 큰 차이를 보였다. 실제로 모 유학원의 경우 5개 학교의 지원을 도와주는 데 6백만 원을 요구하였으나, 다른 유학원의 경우에는 80만 원 미만의 비용으로 5~7개 정도의 학교 지원과정을 도와줄 것을 약속하기도 하였다. 그렇기에 우선 최대한 많은 유학원을 직접 방문하되, 어느 나라를 중심으로 지원할지, 대학원은 총 몇 개 정도를 지원할지 대략 설정하고 상담하면 불필요한 과정을 줄일 수 있다. 또한 유럽을 전문적으로 많이 보내거나, 미국을 많이 보내는 특정 유학원 들이 있다. 자신이 희망하는 지역이 있다면 이에 맞는 유학원부터 상담하는 것도 좋다.

다음에 좀 더 자세히 다루겠지만, 해외 MBA는 학교별 지원 프로세스와 준비 필수사항들이 워낙 다양하다. 따라서 MBA에 대해 잘 이해하고, 실제로 학생들을 많이 보내본 유학원을 선택하는 것이 매우 중요하다. 나 역시 준비 초반에 계약했던 유학원과 중도에 계약을 해지하기도 하였다. 왜냐하면 그 유학원은 기초적인 서류전형이나 전체 프로세스에 대해서도 무지했고, 여러 MBA 프로그램들의 특징들에 대해서도 크게 아는 것이 없었기 때문이다. 시행착오를 줄이기 위해선 다양한 MBA 프로그램 준비 경험이 있는, 업력이 쌓인 유학원인지 체크할 것을 권장한다.

투자 가능한 시간과 비용이
대륙을 결정한다

미국과 유럽 MBA의 가장 큰 차이점은 학업 기간이다. 미국은 대부분 프로그램이 2년제 학위 과정을 요구하고 있으나, 유럽의 경우 대부분 1년 과정이다. 런던 비즈니스 스쿨(London Business School, LBS)과 같이 2년인 경우도 있으나, 대다수 명망 있는 유럽의 MBA 과정들도 1년이면 학위 수료가 가능하다. 학비의 경우에는 학교마다 천차만별이지만, 2년 과정인 점을 고려하면 미국에서의 MBA과정이 훨씬 높은 편이다. 또 하나 중요하게 고려해야 할 점은 생활과 관련된 비용이다.

How much will it cost to live in Oxford?

The likely living costs for 2025-26 are published below. These costs are based on a single, full-time graduate student, with no dependants, living in Oxford.

Likely living costs for 2025-26

	Likely living costs for 1 month		Likely living costs for 9 months		Likely living costs for 12 months	
	Lower range	Upper range	Lower range	Upper range	Lower range	Upper range
Food	£330	£515	£2,970	£4,635	£3,960	£6,180
Accommodation	£790	£955	£7,110	£8,595	£9,480	£11,460
Personal items	£200	£335	£1,800	£3,015	£2,400	£4,020
Social activities	£45	£100	£405	£900	£540	£1,200

Study costs	£40	£90	£360	£810	£480	£1,080
Other	£20	£40	£180	£360	£240	£480
Total	£1,425	£2,035	£12,825	£18,315	£17,100	£24,420

생활비 관련 참고자료

　위 생활비 관련 자료는 옥스퍼드 대학원 공식 사이트에서 가져온 것이다. 학비만큼이나 높은 물가로 인한 생활비 비중이 높은 만큼, 영국으로 유학을 희망하는 사람들이 알아야 할 전반적인 비용에 대해서 알려주고 있다. 나 역시 위의 사이트를 참고하며 유학 기간 대략 어느 정도 금액이 들지 예측할 수 있었다. 다시 무급이 될 처지였기에 학교에서 알려준 식비, 주거 비용, 교재비, 개인 물품 구매비 등이 담긴 위의 자료를 최소 금액으로 고려했다. 옥스퍼드에서 참고용으로 공지한 1년간의 최소 생활비용은 3천만 원에서 4천5백만 원 수준이었다. 하지만 이 수준의 생활비가 최저 수준이라고 판단하고 현지에서 실제 필요한 비용을 예측하는 것이 중요하다. 특히, MBA는 일반 대학원 유학과 비교하면 고려해야 할 것이 더 많다. 아무래도 직장 경험이 있는 이들이 모이다 보니 여행을 보다 적극적으로 많이 다니게 된다. 대표적으로 '트렉'(Trek)이라고 하는, MBA 학생끼리 여러 나라를 여행하는 활동을 들 수 있다. 트렉 자체가 하나의 네트워킹 역할을 하는 만큼 대다수의 학생들이 트렉을 떠나고, 이와 같은 여행 관련 비용도 지출의 상당 부분을 차지한다. 경제력에 따라 차이가 크겠지만 기본적인 품위를 지키는 수준에서 절약한다 해도 나는 연간 최소 7천만 원 이상은 필요하다고 보았다. 당시 물가 기준으로는 런던과 같은 다른 유럽 주요 도시에서의 생활비도 비슷한 수준이었다. 그리고 결과적으로 예상했던 수준의 비용이 들었다.

물론 개인적인 생활양식과 경제관념에 따라 다를 수 있겠지만, 나의 경우 꽤 절약했음에도 8천만 원 정도의 비용이 소모되었다. 우선 가장 큰 항목은 렌트비다. 다른 것은 많이 아끼더라도 공용 화장실이나 공용 주방을 쓰고 싶진 않았기에 원룸 타입의 스튜디오를 구했다. 그렇다 보니 일반 칼리지 기숙사보다 두 배 이상의 비용이 지출되었다. 내가 계약한 사설 스튜디오는 한 달에 약 250만 원이 들었다. 1년 계약이었으니 약 3천만 원 정도가 렌트비로 빠져나간 것이다. 두 번째로 가장 많은 지출은 식비였다. 가장 저렴한 축에 드는 학교 식당의 한 끼가 7파운드 정도였으니, 매끼 1만 2천 원 정도가 든 셈이다. 아침 정도는 집에서 한식으로 먹더라도 점심은 학교, 저녁은 친구들과 외식하는 경우가 많으니 외식 지출이 발생한다. 친한 친구와 자주 갔던 중식당의 경우 평균 25파운드 정도가 들었다. 이렇게 계산하면 결국 하루 평균 최소 6만 원 정도는 기본 식비가 들고, MBA 특성 상 종종 방문하게 되는 꽤 괜찮은⑺ 레스토랑에서의 외식비용까지 더하면 1년에 식비로만 2천5백만 원 정도를 생각해야 한다. 여기에 더해 생활용품 구매 등의 잡비도 발생하고, 여러 행사 참석에 필요한 포멀한 의복 구매와 자주 떠났던 여행 비용을 합치면 아무리 절약해도 나의 경우 1년에 8천만 원 정도가 소비되었다.

　기회비용 역시 무시할 수 없다. 다달이 임대료를 받거나 투자로 떼돈을 벌어놓지 않았다면, 임금 없이 1, 2년을 버티는 건 쉽지 않은 일이다. 귀국과 동시에 바로 집을 구해 출근할 수 있는 것도 아니다. 등골이 서늘하지 않은가? (아무렇지도 않다면 필경 당신은 행운아다.) 1년간 나갈 예상 학비와 그동안 벌지 못할 기회비용까지 고려한다면 과연 이 정도의 희생을 감수하는 것이 맞는지…. 나는 매일 갈대처럼 흔들렸다. 33살의 한국 청년이 집도 절도 없이 벌어놓은 돈을 유학에 쏟아부으며 결혼 준비도 안 한다는 건 분명 엄청난 모험이다. 결론적으로 나는 미국과 유럽이라는 2개의 선택지에서 '학위 기간 1년'이라는 조건을 최우선으로 삼았다. 유럽의 주요 대학을 최우선 목표로 지원하되, 미국의 몇몇 1년제 MBA 프로그램(Cornell Tech, Notre Dame 등)들을 함께 준비하기로 하였다.

유럽 vs 미국
MBA 비교

    국가 · 지역 · 학교에 따라 너무나도 다양한 MBA 과정들이 존재하기에 이를 일반화하기란 불가능하다. 다만 전체적인 경향성을 파악하면서 전반적인 감을 잡고, 이후 선호 지역이 정해지면 개별 학교들의 정보를 꼼꼼히 비교하는 것이 좋다.

구분	유럽	미국
학위 취득 기간	보편적으로 1년 과정 (일부 1.5년 과정 포함)	일반적으로 2년 과정 (일부 1년 과정 존재)
학비(1년 기준)	보통 1년 기준으로는 서로 유사한 수준(학교마다 다름)	
커리큘럼 및 학습 강도	1년 과정으로 압축적인 커리큘럼, 집중적인 학습 환경	2년 과정으로 상대적으로 여유로운 적응 기간, 여름 인턴십 활용 가능
생활비	상대적으로 낮은 편 (파리, 런던은 높은 편)	상대적으로 높은 편 (뉴욕, 샌프란시스코, 보스턴 등 주요 도시 중심)
네트워킹 기회	유럽 지역 및 국제적인 네트워크 (다양한 국적의 동문)	미국 내 글로벌 대기업 등과 네트워크 기회 풍부
주요 학교	INSEAD, LBS, IESE, HEC Paris, 옥스퍼드, 캠브리지 등	하버드, 스탠퍼드, 와튼, MIT, 켈로그, 콜롬비아 등
무임금 기간(기회비용)	1년 무급	2년 무급
투자 대비 효능감	개인의 목표와 상황에 따라 다름 (ex. 빠른 복귀 vs. 깊은 네트워크 구축)	

MBA에도
궁합이 있다

유럽 MBA는 아무래도 영국이 대표적이다. 그만큼 명문대가 많고, 많은 인재들이 선택하기 때문이다. 그러나 영국 외에도 저명한 MBA 프로그램은 많다. 프랑스, 스페인, 이탈리아 등 고루 살펴봐야 할 대목이 많다. 당시 나는 스페인을 제외하곤 유럽 여행 경험이 없었기에 특정 국가에 대한 호불호가 없었다. 아마 유럽 여행 경험이 풍부했다면, 특별한 도시에서의 추억을 떠올리며 내 취향이 반영된 지원 리스트를 작성했을지도 모른다. 나만의 지원리스트 작성을 위해선 일정한 준거점이 필요했다. 나는 두 가지의 기준점을 세웠다.

첫째로, 프로그램의 특징이다. 예를 들어 런던 비즈니스 스쿨은 금융 분야가 전통적으로 강했고, 옥스퍼드는 환경·사회·지배구조(ESG) 관련 프로그램에 집중하고 있는 것으로 보였다. MBA 프로그램의 선택에도 사회적 맥락이 중요하다. 나의 과거 커리어에서 건진 다양한 스토리 중 매력적인 대목이 무엇인지를 정리한 후, 이와 잘 맞는 프로그램에 우선 지원하기로 하였다. 나는 카드사에 재직하며 업계 최초의 전기차 전용 플랫폼을 기획하여 구체화한 경험이 있다. 따라서 ESG를 강조하던 옥스퍼드라면 내 스토리가 경쟁력 있을 것으로 판단했다.

둘째로, 지맷(GMAT)과 어학 시험 등의 점수 관련 기준이다. 우선 어학 점수의 경우 해외 학부를 졸업했다면 제출을 안 해도 되는 경우도 있지만, 국내파에겐 해당 사항이 없었다. 그래서 어학 시험 성적의 제출 면제 대상이 아니라면 학교별로 요구되는 최저 요건을 파악하는 것이 중요하다. 학교마다 요구하는 어학 시험의 종류와 성적 요건이 다르기 때문이다. 과거에 응시했던 성적이나 모의고사 등을 통해서 토플이나 아이엘츠에서 내가 어느 정도의 점수를 받을 수 있을지 판단하고, 이를 근거로 학교 지원 리스트를 만들어가는 것이 좋다. 여의치 않다면 과거 다른 종류의 어학 시험(토익이나 텝스 등) 성적이라도 토플이나 아이엘츠로 변환해 대략적인 수준을 파악하는 것이 좋다. 내가 희망하는 학교의 어학 요구 성적과 내가 받을 수 있는 성적 수준을 비교해 보고 전략적으로 판단을 내려야 불필요한 에너지와 시간 낭비를 줄일 수 있기 때문이다.

또한 GMAT의 대략적인 합격선을 파악해야 한다. MBA는 GMAT 점수만으로 합격과 불합격을 기계적으로 가르지는 않겠지만, 나의 예상 GMAT 혹은 GRE 성적과 지원하는 학교의 평균 합격선이 너무 차이가 나는 경우 지원을 재고해보는 것도 현명한 선택일 수 있다. 예를 들어, 런던 비즈니스 스쿨과 같이 순위 자체가 높은 학교는 GMAT 합격점 역시 매우 높다. 빠르게 모의고사를 응시해보고 어느 정도 예상한 나의 GMAT 성적과는 점수 차이가 커보였기에, 나는 런던 비즈니스 스쿨의 지원을 고려하지 않았다. 합격 가능성을 높이기 위해선 대략의 평균 합격선을 기준으로 학교들을 파악하고, 나의 예상 성적과 비교 분석해보는 것이 효율적이라고 생각한다. 재직 중에, 그리고 6개월 만에 합격하는 것을 목표로 했기에 현실적인 GMAT 점수 선에서, 노려볼 수 있는 MBA 지원리스트를 만들어 갔다.

나의 1지망은 옥스퍼드 사이드 비즈니스 스쿨의 MBA 프로그램이었다.

ESG 분야에 대한 학교의 의지가 컸고 무엇보다 관련 분야의 리더를 육성하는 것에 가치를 두고 있었기에 나의 스토리를 호의적으로 수용할 것으로 판단했다. 또한 내가 예상한 GMAT 점수와 어학 시험 성적보다는 옥스퍼드가 더 높은 수준을 요구하였지만, 안정권이 아닌 도전권 학교로 노려봄 직했다. 그리고 도시 특유의 풍광과 정취가 영향을 미친 부분도 있다. 지금도 고등학생들이 관악을 비롯한 연세대나 고려대, 경희대의 아름다운 교정을 거닐며 미래 자신의 모습을 상상하고 각오를 다지듯, 나 역시 수험생 때의 마음처럼 옥스퍼드 교정을 상상하곤 했다. 처음 MBA를 준비할 땐 '해외이기만 해도 좋겠다.'라고 생각했지만, 이제는 옥스퍼드의 상징인 '래드클리프 카메라(Radcliffe Camera)에 갈 수만 있으면 소원이 없겠다.'로 바뀌었다(이후 입학식 때 가장 먼저 기념사진을 남겼던 곳도 래드클리프 카메라가 되었다).

유럽 주요 학교
MBA 정보 (2024년 기준)

1. 인시아드(INSEAD)

지역: 프랑스(퐁텐블로), 싱가포르, 아부다비

기간: 10개월

학비: 약 €100,000

평균 GMAT 점수: 700~710

특장점: 인시아드는 글로벌 네트워크를 구축할 수 있는 다문화적 MBA 프로그램이다. 약 10개월 동안 집중적으로 학습하며, 졸업생들은 다국적 기업에 진출하는 비율이 높다(졸업생의 약 50~66%가 유럽에서 취업한다고 알려져 있다). 다양한 국가에서 온 학생들과의 협업을 통해 글로벌 비즈니스 감각을 키울 수 있는 것으로 유명하다.

2. 런던 비즈니스 스쿨(London Business School)

지역: 영국 런던

기간: 15~21개월

학비: 약 £109,700

평균 GMAT 점수: 700~740

특장점: 런던 비즈니스 스쿨은 유연한 학습 기간과 맞춤형 경로를 제공하는 MBA 프로그램으로 영국에서 가장 유명한 MBA 과정이라고 볼 수 있다. 금융 및 컨설팅 분야 진출에 특히 강점이 있으며, 런던의 금융 중심지라는 장점이 있다. 학생들은 다양한 선택 과목과 인턴십 기회를 통해 실무 경험을 쌓을 수 있다.

3. IESE Business School

지역: 스페인 바르셀로나

기간: 15~19개월

학비: 약 €99,500

평균 GMAT 점수: 600~700

특장점: IESE는 리더십과 사회적 책임을 강조하는 MBA 프로그램으로 유명하다. 케이스 스터디 중심의 학습을 통해 실무 경험을 쌓고, 글로벌 캠퍼스에서 다양한 국제적 기회를 제공하기도 한다. 다양한 기업 윤리를 배우고, 사회적 책임을 다하는 경영자로의 성장할 수 있는 강점이 있는 MBA 프로그램이다.

4. HEC Paris

지역: 프랑스 파리

기간: 16개월

학비: 약 €92,000

평균 GMAT 점수: 680~720

특장점: HEC Paris는 창업과 혁신에 강점을 두고 있는 MBA 프로그램이다. 유럽의 비즈니스 커뮤니티와 밀접한 관계를 맺고 있으며, 강력한 네

트워킹 기회를 제공한다. 학생들은 다양한 창업 지원 프로그램을 통해 혁신적인 사업 아이디어를 내고, 실제 현실에서 실현해 나갈 다양한 기회들이 주어진다.

5. 저지 비즈니스 스쿨(Judge Business School)

지역: 영국 캠브리지

기간: 1년

학비: 약 £75,800

평균 GMAT 점수: 650~700

특장점: 캠브리지 MBA는 실무 중심의 학습을 제공하며 창업 지원에 강점을 가진 프로그램이다. 학생들은 실제 기업과의 프로젝트를 통해 경영 스킬을 향상시키고, 네트워크를 구축할 수 있다. 강력한 창업 생태계를 활용하여 다양한 기술 기반 벤처 기회를 탐색할 수 있다.

6. 사이드 비즈니스 스쿨(Saïd Business School)

지역: 영국 옥스퍼드

기간: 1년

학비: 약 £71,440

평균 GMAT 점수: 660~700

특장점: 사이드 비즈니스 스쿨은 사회적 책임과 지속 가능성에 중점을 둔 MBA 프로그램이다. 전통적인 옥스퍼드의 학문적 배경과 결합하여 기업 윤리와 지속 가능한 경영을 강조한다. 다양한 학생들과 교수진이 모여 다문화적 학습 환경을 조성하며, 졸업 후 국제무대에서 활발히 활동할 수 있는 네트워크를 제공한다.

합격을 원한다면
구체적인 전략부터

　20대 초반까지 내 인생관의 알맹이는 '노력과 실력'이었다. 나는 노력하면 실력이 쌓이고, 쌓인 실력은 반드시 성공으로 이어진다는 신념이 확고했다. 이 세계관은 단선(單線)으로만 구성되어 있어 원인과 결과라는 인과관계가 분명해야 했다. 실력이 좋지만, 운이 나빠 떨어진다는 것은 이 세계관에서 용납될 수 없는 일이었다. 이렇게 나는 전장(戰場)이라는 개념을 이해하지 못한 채 수능을 치렀고, 그 결과 3번의 수능과 1번의 편입 탈락이라는 고배를 마셨다. 첫 수능 때에는 SKY의 입시 트렌드나 전형에 대해 무지한 상태로 도전했다. 입시 전략을 전문으로 하는 이들에게 더 적극적으로 조언을 구해보거나, 논술 실력이 부족하다고 판단되었다면 논술 비중이 높은 과를 피해서 지원했어야 했다. 편입도 마찬가지였다. 연세대학교 논술전형까지 통과한 나는 "최종 관문인 마지막 서류전형은 대부분 통과한다."라는 학원의 말을 맹신했다. 하지만 학교에서 요구하는 서류의 수준은 꽤 높은 것이었다. 불합격을 확인했던 당시엔 '실력 충만한 실력자'인 내가 탈락하는 이유는 더럽게 운이 없거나 입시 비리와 같은 음모가 작동하기 때문이라고만 생각했다.

　무장력이 뛰어난 군대가 왜 전장에서 패배하고, 몸값이 높은 축구팀이 왜 중위권 팀에게 고전하는지, 실력 좋은 수험생은 왜 탈락하는지… 그 시절엔 알지 못했다. 전략의 힘을 깨닫게 된 것은 3번 이상의 수험 실패를 겪고, 이후 사회생활을 시작하며 나와 사회를 보다 객관적으로 탐색할 힘을 기른 이후였다. 나는 내가 얻은 교훈을 MBA 지원 프로세스에 적용하였다. 이른바 '3-3-3 전략'이었다. 대다수 MBA 프로그램은 지원비만 평균 100~300유로 정도였다. 다시 말해 서류 접수와 인터뷰에만 20~30만 원의 돈을 들여야 한다는 뜻이다. 무한정 많은 수의 MBA 프로그램을 지원할 수 없는 이유이다. 나는 최종 9곳에 지원하기로 했다. 내 전략은 3백만 원이라는 예산으로 안정권과 지원 가능 구간, 만용 구간 등으로 분산 지원해서 6개월 만에 합격 오퍼를 받는 것이었다.

총예산은 3백만 원.

· 안정 구간(무슨 일이 있어도 붙을) 3곳
· 지원 가능 구간(현실적으로 덤벼볼 만한) 3곳
· 만용 구간(돈을 날리더라도 지원은 해보고 싶은) 3곳

이렇게 3-3-3의 구간을 정해두고 여러 MBA 입학 관련 정보들을 함께 정리하며, 총 9곳의 최종 지원리스트를 만들었다. 이를 기반으로 과거와 같이 무작정 공부부터 하고 이후에 급히 점수에 맞는 학교들에 지원하는 것이 아니라, 합격이라는 큰 관점을 놓치지 않으며 MBA 준비 시작 단계부터 보다 전략적으로 접근할 수 있었다.

학교별 지원비용
(2024년 기준)

학교	지원 비용 (Application Fee)
INSEAD	250 유로
London Business School	200 파운드
IESE Business School	180 유로
HEC Paris	200 유로
University of Cambridge	200 파운드
University of Oxford	200 파운드
ESADE Business School	150 유로
Harvard Business School	250 달러
Stanford Graduate School of Business	275 달러
Wharton School (University of Pennsylvania)	265 달러

2부

준비편
: 시험 보기, 면접 보기, 정리하기

3장

어떻게
준비할 것인가?

한눈에 살펴보는 재직 중 해외 MBA 준비 7 STEP

Certificate of Offer

DETAILS OF YOUR OFFER

Applicant name: Sunghwan Jeong

Course: Master of Business
Administration (MBA) Full-time

Department / Faculty: Saïd Business School

Course start date: 18th September 2023

College: Your application will be
considered for a college place once you have paid your
deposit. You are guaranteed a college and will hear
from your accepting college in due course.

옥스퍼드 합격 오퍼

STEP ①
어학 시험 준비

해외 MBA를 가겠다는 '용기'를 내었다면, 이제부터 본격적인 준비를 해야 한다. 나의 경우 퇴사를 하지 않은 채, 6개월 만에 효율적으로 해외 MBA를 준비하는 것이 가장 중요한 원칙이었다. 이를 위해 합격의 성패를 가르는 필수 영역만을 공략했다. 막상 MBA를 준비하다 보면 신경 써야 할 것이 꽤나 많이 튀어나온다. 따라서 준비할 영역을 나눠서 전략적으로 대비해야 한다. 영역을 크게 나누면 ①시험 ②서류 ③인터뷰 ④지원제도 정도가 된다.

우선 시험 영역부터 살펴보면, 학부를 해외에서 졸업하지 않았거나 면제(Waive)대상이 아니라면, 토플(TOEFL)이나 아이엘츠(IELTS)와 같은 어학 시험을 준비해야 한다. 나의 경우 유학을 다녀오지 않았던 것이 이렇게 내 발목을 잡을지는 몰랐다. 해외 MBA 준비의 첫 단계부터 유학파와 국내파가 나뉘었기 때문이다. GMAT처럼 대부분의 MBA 지원자들이 응시하는 시험이 아니었기 때문에 상대적으로 더 큰 장애물로 다가왔다. 과거 유학 경험이 없는 응시자의 경우 영어를 얼마나 할 수 있는지, 기본적인 자격을 검증하는 항목이 하나 더 늘어난 것이다. 물론 영어를 잘하는 독자에겐 뭐가 그렇게까지 발목을 잡는다는 것인지 와닿지 않을 수도 있겠지만, 나의 경우

6개월이라는 짧은 기간을 설정하고 해외 MBA를 준비했던 만큼 부담이 컸다. 한 번도 응시해 보지 않았던 유형의 어학 시험을 접수하고 공부하는 것은 성적을 차치하고라도 여러모로 번거롭고 시간이 소모되는 과정이었기 때문이다. 안 그래도 부족한 시간을 쪼개어 토플과 아이엘츠 등 두 시험 모두를 대비해야 했다. 어떤 시험 유형이 나와 잘 맞을지 몰랐기 때문이다. 또한 GMAT 시험 응시를 위해 아껴뒀던 몇 개 남지 않은 연차들을 더 쪼개서 평일에도 영어 시험을 보곤 했다. 더군다나 대부분 영어 시험 성적이 그렇듯 응시 이후, 결과를 받는 데까지 상당한 시간이 걸린다. 만에 하나 있을 상황을 가정하여 미리미리 더 많은 경우의 수(한 섹션에서 과락을 하는 것과 같은)를 준비해야만 했다.

영어 시험 성적을 준비할 때 가장 먼저 따라오는 질문이 하나 있다. 바로 토플과 아이엘츠 둘 중 무엇이 자신에게 유리할지에 대한 판단 문제이다. 대부분 해외 유학(MBA 포함)의 경우 토플과 아이엘츠 둘 중 하나의 점수를 제출한다. 시간을 조금이라도 아끼면서 좋은 결과를 얻기 위해선 판단을 잘해야 한다. 일반적으로 아이엘츠는 전 세계에서 널리 인정되며, 특히 영국 및 호주의 이민 비자에서는 필수인 경우가 많다. 반면, 토플도 대부분의 국가에서 인정되지만, 특정 비자 및 일부 학교에서는 아이엘츠를 더 선호하는 경향이 있다.

물론 이는 매우 일반적인 두 시험에 대한 서술이며, 개인의 특성에 따라 매우 다르게 선호될 수 있다. 나의 경우에는 두 시험의 가장 큰 차이인, 스피킹 섹션의 평가 방식 차이가 아이엘츠를 더 선호하게 만들었다. 토플은 여러 응시자가 있는 방에서 마이크를 통해 컴퓨터로 녹음을 하는 방식으로 스피킹 시험을 본다. 반면, 아이엘츠는 훈련된 시험관과 대면으로 1대1 인터뷰가 진행되기 때문에 조금 더 편안한 분위기에서 응시할 수 있다. 나에겐 시끄러운 환경 속에서 컴퓨터에 대고 타이머를 보며 다급하게 녹음을 하는 방식보다는 1대1로 시험관과 시험을 보는 게 더 잘 맞았다. 본인이 가고자 하는 학교의 시험요구 사항에 대해 먼저 파악하고, 자신의 스타일에 맞는 시험을 전략적으로 선택할 것을 추천한다.

나에게 맞는 어학 시험을 선택했다면 다음은 영어 시험을 공부하는 시간 배분 전략을 세워야 할 때다. 직장생활을 병행하며 MBA를 준비한다면, 시간을 쪼개서 사용하는 데 주력해야 한다. 영어 외에도 에세이(Essay)나 직무 인터뷰 등 MBA 합격을 위해 준비해야 할 숙제가 많기 때문이다. 무턱대고 영어에만 '올인'하기는 어렵다. 과외, 학원, 인터넷 강의 등 여러 방법이 있지만 아무래도 직장인은 과외나 인강을 활용하는 것이 적합하다. 인강을 통해 시험 전반적인 구조를 익히고 부족한 부분은 과외를 통해 시간과 비용을 아끼는 것을 추천한다. 나 역시 여러 유튜브 강의를 통해서 각 시험의 난이도와 형식, 그리고 진행 예시 등을 익힌 뒤 우선 시험부터 치렀다. 그리고 시험 결과 부족한 영역을 강화해 줄 과외 선생님을 구해서 보충해 나갔다. 아무래도 3개월 이상의 시간을 영어 준비에 사용하는 것은 무리이며, 또 직장인의 경우 영어 시험을 아주 기초부터 정석으로 공부해야 할 영역은 아니라고 판단했기 때문이다. 시험에 응시해 전체 구조를 먼저 익히고 부족한 부분만 채워나갈 것을 권한다. MBA로 가는 길에 영어만 있는 것이 아니며, 이는 첫 단계에 불과하다.

또한 MBA 지원자들이 던지는 공통적인 질문은 어학 점수의 등급이 과연 MBA 합격에 영향을 미칠 수 있냐는 것이다. 해외 MBA를 하겠다면 유창한 영어 실력은 어느 정도 당연하겠지만, 개인적인 생각으로는 영어 성적이 절대 조건은 되지 않는다. 그 외에도 합격 여부를 좌우할 요소는 많다. 그러니 어학 점수를 무조건 높이기 위해 어학 공부에 너무 큰 비중을 두지 않을 것을 권장한다. 학교별로 어학 점수 커트라인을 충족하는 정도로만 준비해도 충분하다고 말해주고 싶다. 참고로 나를 괴롭혔던 옥스퍼드 MBA의 영어 최저 기준점은 토플 110점과 아이엘츠 평균 7.5였다. 또한 리스닝, 리딩, 스피킹, 라이팅 각 영역별로 과락 점수(Minimum Score)가 설정되어 있으니 자신이 지원하고자 하는 학교의 기준을 참고하고, 이에 맞춰 전략적으로 준비하는 것이 필요하다.

토플과 아이엘츠
기본 내용

시험	토플	아이엘츠
응시영역	리딩/리스닝/스피킹/라이팅 (총 4개 영역)	
비용	220달러	약 30~33만원
유학, 이민 등에 인정되는 국가	미국, 캐나다, 영국, 호주 등 전 세계 대학에서 학업 목적으로 인정되며, 일부 국가에서는 이민 목적으로 인정되지 않을 수 있음	영국·호주·캐나다·유럽 등에서 학업 및 이민 목적으로도 널리 인정됨
시험 소요시간	2시간~2시간 30분	2시간 45분
시험 장소	ETS 사이트를 통해 집과 가까운 곳 선택 가능	서울, 대전, 대구, 부산, 광주, 제주 등 정해진 시험장 중 선택
스피킹 테스트 방식	녹음 후 추후 채점	시험관과 1대1 면담으로 진행

STEP ②
GMAT·GRE 준비

'MBA 준비'를 검색하면 필수적으로 따라 오는 시험 관련 영역이 있는데, 바로 GMAT(Graduate Management Admission Test)이다. 해외 대학원과 관련해서 GRE(Graduate Record Examination)에 대해서는 자주 들어보았지만, GMAT은 생소한 개념이었다. 대학원 진학 시험인 GRE와 어느 정도 흡사했고, MBA만을 위한 시험인 만큼 범용성 면에서는 제한적일 것으로 짐작되었다. 나는 늘 효율성을 앞세웠던지라 GMAT이란 단어를 들었을 때 가장 먼저 '이거 꼭 해야 하나?'라는 의문부터 들었다.

결론부터 말하자면 GMAT은 꼭 준비하는 것이 좋다. 특히 어느 정도 영어 수준이 있는 독자라면 상대적으로 짧은 기간 동안 노력하여, 지원할 수 있는 학교의 폭을 굉장히 넓힐 수 있다. GMAT 없이도 지원 가능한 학교들이 있기에, 나 역시 GMAT 시험을 거를지 고민해보기도 했다. 하지만 GMAT 점수를 확보하는 것이 향후 MBA의 선택지를 넓히는 데 매우 유리하다고 결론 내렸다(대부분의 중상위권 MBA 학교들은 GMAT이나 GRE가 필수적으로 요구된다). 그리고 많은 학교가 GRE도 인정하고 있기에, 지원 학교 리스트업을 마쳤다면 GRE와 GMAT 중에서 결정하는 것도 가능하다. 일반적으로 GRE에 대해 충분히 알고 있거나 MFE와 같이 일반적인 해외 대학원을 함께 준비하는 경우에는 GRE를, 그 외에는 GMAT을 준비할 것을 추천한다.

추가적으로, 앞서 '짧은 기간의 노력'이라고 표현한 데에는 GMAT이 한국인의 장점에 부합하는 부분이 있기 때문이다. GMAT은 영어와 수학 영역의 점수가 가장 중요한데, 이 중 수학은 우리 한국인에게 쉽게 고득점을 낼 수 있는 과목이다. 뼛속까지 문과인 나에게도 GMAT의 수학 시험은 고등학교 1~2학년 수준이었고, 충분히 좋은 점수를 받을 수 있었다. 몇몇 수학 용어만 영어로 익혀두고, 흐릿해져버린 몇몇 수학 공식들을 다시 떠올려두면 충분히 고득점을 받을 수 있다고 생각한다. 인도와 한국 국적의 학생들이 수학 점수에서는 대부분 높은 점수를 받는다는 얘기를 듣기도 하였다. 결국 영어영역의 점수에 따라 GMAT의 최종 점수가 결정된다. 이 두 영역의 조합에서 수학에 대한 부담이 덜한 한국인인 만큼, 영어에 집중해서 단기간 원하는 점수를 얻을 수 있다. 물론 직장생활을 하며 해외 MBA를 준비할 때는 GMAT이 부담스러워 보일 수도 있지만, 위 내용을 참고해서 과감하게 준비해 나가길 추천한다. (막상 뚜껑 열어보면 별것 아니다!)

GMAT 시험 구성

섹션	세부 설명	시간	문항 수
Data Insights	'Data Sufficiency', 'Graphics Interpretation', 'Table Analysis', 'Two-Part Analysis', 'Multi-Source Reasoning' 총 5가지 항목	45분	21문항
Quantitative Reasoning	문제해결 능력 평가(수리영역)	45분	21문항
Verbal Reasoning	올바른 문법으로 논리 구조 있는 영어를 할 수 있는지 평가(언어 영역)	45분	23문항

* 2023년 하반기부터 GMAT 시험이 변경되어 과거 내가 응시했던 방식은 아니나, 바뀐 GMAT 시험 정보를 토대로 정리했다.

GRE General 시험 구성

섹션	목적	시간	문항 수
Analytical Writing	비판적 사고능력 및 글쓰기 기술 평가	30분	Issue Task 1문제
Verbal Reasoning	기본적인 영어 능력 평가	41분	2섹션, 27문제
Quantitative Reasoning	기본적인 수학 능력 평가	47분	2섹션, 27문제

STEP ③
Personal Statement와 Video Essay

자기소개서를 작성하면서 자신의 창작 능력(?)의 한계를 절감한 적이 다들 있을 것이다. 몇 쪽짜리 서류에 불과하지만, 회사의 성향과 인사 담당자의 의중을 가늠하면서도 자신을 효과적으로 어필을 해야 하는 것이 바로 자소서다. 그러나 MBA를 위해 준비하는 자기소개서(Personal Statement)를 경험하면 기존 써왔던 자소서와는 또 다른 어려움을 느낄 수 있다. Personal Statement는 말 그대로 '나를 설명하는 것'이라고 볼 수 있다. 나를 왜 뽑아야 하는지에 대한 근거를 녹인 자기소개 겸 학업계획서이다. 모국어로 창작해 내기도 어려운 나에 대한 어필을, 새로운 양식을 바탕으로 영어로 써야 하니 얼마나 어렵겠는가.

그리고 최근 많이 요구되고 있는 것이 비디오 에세이(Video Essay)다. 글로 된 자기소개서와 달리 비디오 형식으로 자신의 경험이나 생각을 직접 말로 설명한다. 이를 통해 생생하게 지원자가 자신의 이야기를 하는 모습을 평가할 수 있다. 대부분의 학교가 자기소개서와 비디오 에세이를 통해 지원자의 동기와 목표, 그리고 경험을 묻는다. 지원자가 MBA를 통해 무엇을 이루고자 하는지 명확히 보여주는 것이 핵심이다.

우선 효과적인 자소서 준비 요령을 살펴보자. Personal Statement를 작성하는 과정은 번뇌의 과정이었고, 갈피가 안 잡힐수록 수정에 수정을 더하고 개작하는 등의 작업을 반복해야 했다. 나 역시 이 과정에서 여러 번의 시행착오를 겪기도 하였다.

첫째로, 글을 시작하기 전에 스스로 질문을 해봐야 한다. Personal Statement는 학교에 나를 소개하고 어떤 부분에서 역량을 키워나갈지를 말하는 글임과 동시에 내가 나를 되돌아보는 기회다. "나는 왜 MBA가 필요한가?", "이 프로그램이 나의 커리어에 어떤 가치를 더할 수 있는가?" 이와 같은 당연하지만, 반드시 필요한 질문을 내게 던져봐야 한다. 이런 질문을 통해 가장 핵심적인 답변을 먼저 명확히 하고 구체화하는 것이 중요하다. 내게 왜 이 MBA가 필요한지에 대한 답변을 바탕으로 이 프로그램이 내게 어떤 도움을 줄 수 있을지, 나만의 개성과 특별함에 관한 내용을 담는 것이 필요하다.

둘째로, 육하원칙에 따라서 최대한 자세하게 설명해야 한다. 예를 들어, "나는 리더십을 발휘했다."라고만 작성하면 문장에 설득력이 떨어질 것이다. 내가 언제, 어디서, 어떻게 그런 리더십을 발휘했는지, 이를 통해 무엇을 얻었는지 등 보다 구체적인 상황과 상세한 묘사가 필요하다. 또한 과거의 경험을 토대로 미래에 내가 어떤 계획을 하고 있는지를 설득력 있게 말하는 것이 중요하다. 단순히 "○○ 경험이 있다."만으로는 학교에서 지원자를 뽑아야 할 이유가 없다. 지원자가 과거의 경험을 통해 얻은 것, 앞으로 MBA를 마친 후 가고자 하는 방향과 커리어 계획이 함께 나타나야 Personal Statement에 설득력이 더해진다. 보다 논리적이고 학업적으로도 구체적인 계획이 있어야만 학교 측도 지원자가 MBA를 통해 무엇을 달성하려는지 명확하게 이해할 수 있기 때문이다.

비디오 에세이가 Personal Statement만큼 중요하다는 점도 명심해야 한다. 글만으로 지원자의 모든 것을 파악하기란 쉽지 않다. 영상은 또 다른 방식으로 지원자를 파악할 수 있는 매체이기에 점점 더 많은 학교에서 비디오 에세이를 선호한다. 짧은 시간 내에 자신의 성향, 사고력, 그리고 커뮤니케이션 능력을 담는 것이 핵심이다. 보통 질문을 받은 후 1~3분 정도 생각할 시간을 주고, 그에 대한 답변을 3분 정도 녹화한다. 보통 시간제한을 두고 질문을 던지면 당황하는 경우가 많다. 따라서 어떤 질문을 할지 어느 정도 예상하고 답변을 준비해두는 것이 바람직하다. 나의 경우 '팀워크', '리더십', '어려운 상황에서의 대응 방법' 등에 대한 질문을 받았다. 다행히 미리 준비해둔 소재들이 있었던 터라 크게 당황하지 않고 무사히 대답을 녹화할 수 있었다. 대략적인 예상 질문에 대한 답변을 준비해두는 것은 아무리 영어가 유창한 사람일지라도, 혹시 모를 당황하는 상황을 방지하기 위해 필수적인 과정이다.

다음은 경험을 바탕으로 얻은 Personal Statement와 비디오 에세이를 위한 팁과 과거에 작성해둔 예상 질문에 대한 답변 예시다. (말할 소재를 준비하는 차원에서 만들어 둔 것이라 완벽한 글은 아니나) 나 역시 혼자 MBA를 준비하는 과정 동안 비디오 에세이가 어떻게 진행되는지 가늠하기 어려웠고, 무엇보다 Personal Statement 관련 참고자료를 구하기도 쉽지 않았다. 아래 예시가 하나의 참고가 되길 희망하며, 될 수 있는 대로 많은 사람들에게 첨삭이나 피드백도 받을 것을 권장한다. 다양한 경험자들의 관점이 반영되어 첨삭이 진행될수록 좋아지는 것이 Personal Statement이기 때문이다.

항목	팁
Personal Statement	구체적인 사례와 경험을 통해 자신의 강점을 보여줄 것
에세이 작성의 목표	MBA를 통해 이루고자 하는 목표와 학업 및 커리어 플랜을 명확히 제시
Video Essay 준비법	예상 질문들에 대한 여러 소재를 미리 준비해두고 지속적으로 연습
시간 관리	1~3분 내로 답변을 완성해야 하므로 핵심 메시지를 빠르게 전달

예상 질문 답변 예시

(Post-MBA Career Goals) Define your short-term post-MBA career goals. How are your professional strengths, past experience, and personal attributes aligned with these goals?

: "What would a financial platform that creates a positive virtuous cycle for customers and prospects of electric vehicles look like?" was my proposal that won an internal competition for new business concepts in 2019, born from my longstanding interest in both environmental sustainability and the financial industry. I have since been a project leader for my business proposal—working with the Mastercard Ireland Research Centre—we created a platform for electric vehicles called "KB Green" in 2021.

However, the limitations of attempting to create a platform that considers ESG and is value-additive to all stakeholders became apparent. Sound commercial logic and financial models failed to prevent questions about how to balance the trade-off between profit margins and environmentally focused business while creating a virtuous cycle between the company, customers, and the environment. This project has grown from a simple experience to a personal lifelong mission.

My short-term goal is to become an ESG strategy consultant. I want to expand my influence from one company in one industry to a role where I can implement, strategize, and align certain practices in others to create a positive virtuous cycle. Long-term, I want to become a C-level executive covering sustainability strategy, as I firmly believe that its importance will only grow, translating into a need for senior management positions responsible for shaping and executing strategy.

To achieve my goal, I shaped my business experience around identifying client needs through quantitative and qualitative data, project management by managing both internal and external stakeholders through effective communication, and specialist knowledge development in ESG. When I worked for Hyundai Motor Group, I led an EV research project where my academic background allowed me to gain a deeper understanding of vehicle-to-everything (V2X) and information infrastructure connectivity during the projects.

실제 video essay 녹화 장면

STEP ④
한 장으로 정리하는 이력서(CV)

한국에서도 그렇듯 인사 담당자가 가장 중요하게 보는 것이 바로 이력서, CV이다. 앞서 살펴본 Personal Statement, 자기소개서에는 언어를 통한 '관념의 영역'이 허용되지만, CV에는 지원자가 걸어온 길, 즉 사실만이 담겨 있기 때문이다. MBA 역시 CV가 매우 중요하다. 한 장에 걸쳐 내가 살아온 길을 응축하는 것이 중요하다. CV를 준비하는 사람이라면 그 양식은 인터넷에서 쉽게 구할 수 있지만, 과연 어떤 CV가 좋은 CV인지에 대해서는 속단하기 어렵다. 사람의 행적마다 특징이 있듯, CV 역시 각각의 특성이 담기기 때문이다. 그래서 최대한 많은 예시를 참고하고, 어떤 식으로 자신을 드러낼지에 대한 설계를 하는 것이 중요하다. 문제는 그 CV의 예시를 구하기가 쉽지 않다는 것이다. 유학 동료들이 있다면 그나마 서로의 CV를 공유하고 피드백을 주고받을 수 있겠지만, 혼자 준비한다면 올바른 예시를 구하기가 쉽지 않다. 그렇기에 이 대목에선 먼저 'CV 잘 쓰는 법'에 대한 일반론을 설명하고, 실제로 옥스퍼드에 제출했던 나의 CV를 독자분들을 위한 참고자료로 수록한다(정답이라서가 아닌 먼저 합격한 한 사례로서).

당연한 말일 수 있으나 CV는 한 페이지로 구성하는 만큼 핵심적인 주제와 골자를 먼저 정해야 한다. 내가 이 회사 혹은 학교(MBA)에 무엇을 어필할지를 생각하고 나의 여러 경험과 커리어 중 핵심을 선별해 최대한 눈에 잘 보이는 구조로 작성하는 것이 좋다. 구조가 잡히면 간결하고 명확한 표현으로 다듬어질 때까지 수정을 거듭해야 한다. 이렇게 구조적으로 간결하고 내가 강조하고 싶은 부분을 키워드로 배치한 후에는 주변의 피드백을 받거나 예시 CV를 하나라도 더 분석해 가며 주기적으로 나의 CV를 업데이트해 나가는 것이 중요하다.

Sunghwan JEONG
email: ⬛⬛⬛⬛⬛⬛⬛⬛⬛   Tel: ⬛⬛⬛⬛⬛⬛⬛⬛⬛
LinkedIn Profile: www.linkedin.com/in/sunghwan-jayden-jeong-71808b192

Education and Qualifications

2023-2024	**University of Oxford** Saïd Business School, UK	MBA
2010-2017	**Hanyang University** Seoul, South Korea	B.S. in Information Systems ( )

Work Experience

Jan-22 – Mar-23 **KB Kookmin Card** Seoul, South Korea
Manager, Platform Strategy Group
- Developed and implemented integration strategy of multiple platforms provided by KB Financial Group with KB Kookmin Card; forecasted to generate incremental 1 million new monthly active users by the end of 2022 and expected to create cross-marketing synergies across multiple products
- Created and executed new marketing initiatives for the Easy Payment digital service including consumer trend analyses and tailored wealth-building reports; led to an increase of 50% in new monthly active users year-to-date, from 3 million to 4.5 million
- Initiated a Customer Journey Mapping project to improve the overall payment experience by analysing customer segmentation matrix correlated with 40 behavioural indicators; led to optimization of key pain-points such as main landing page personalization

Jan-20 – Dec-21 **KB Kookmin Card** Seoul, South Korea
Assistant Manager, New Financial Business Development
- Developed a business case for the project "KB Green," the first platform to provide financial services for electric vehicles, through collaboration with Master Card Ireland Research Centre; generated incremental $1.8 million in revenue and led to an average of 500 new quotations per month within 6 months
- Won an exclusive, strategic partnership with Tesla Korea to provide discounts for customers who purchase Tesla vehicles through KB card mobile platform, which resulted in 300 new purchases in the first 6 months
- Increased the market share of payments services linked to electric vehicles from 10% to 30% in Korea by developing additional partnerships with EV manufacturers such as Polestar

Jan-19 – Dec-19 **KB Kookmin Card** Seoul, South Korea
Assistant Manager, Branch Network Sales and Marketing
- Identified new business opportunities with Medium-Size Enterprise business owners with turnover of over $30 million through relationship management and financial analysis of revenue streams
- Introduced auto loans and financing packages to commercial banking clients, increased the revenue by $2 million a year

Dec-16 – Dec-18 **Hyundai Motor Group** Seoul, South Korea
Project Manager, Namyang Research Centre for Sedans
- Achieved an average of 8% cost reduction for 8 car models by analysing the structure of raw material costs, initiating a new parts segmentation model, and conducting competitive landscape benchmark
- Improved the production efficiency by segmenting the supply chain, from materials vendors to individual dealers, and streamlining the spare part sourcing process
- Accomplished 90% accuracy in forecasting demand of international customers, and provided financial models to identify cost target based on the maximum production output

Jun-16 – Sep-16 **McKinsey Company** Seoul, South Korea
Management Consulting Research Assistant
- Led a research and presentation of global PC monitor market trends, gathering sales data from various competitors, analysing the threat of substitute products such as tablets

Additional Information

Achievements:	ADsP (Advanced Data Science Professional), Certified Fund Investment Advisor Certified Derivatives Investment Advisor, Certified Securities Investments Advisor
Work Authorisation:	Nationality : South Korea
Languages:	Korean(Native), Chinese(Basic)

CV 예시

STEP ⑤
부탁이 더 어려운 추천서

자기소개서와 비디오 에세이, CV를 무사히 완성했다면 MBA에 한 걸음 더 다가선 것이다. 그러나 '한 걸음'일 뿐, 넘어야 할 관문은 많다. 그중 추천서는 가장 중요한 관문 중 하나이다. 추천서는 말 그대로 '이 프로그램에 입학하기에 적합한 인재'라는 메시지를 다른 사람으로부터 받는 것이다. 아무리 자기소개서와 비디오 에세이를 훌륭하게 준비했어도, 적절한 MBA 추천서가 준비되지 않으면 합격하지 못할 수도 있다. 특히 MBA 특성상 어떤 커리어를 진행해 왔는지, 이 지원자가 어떤 태도와 가치관을 가졌는지 등이 매우 중요한 평가지표인 만큼 추천서에 이 내용들이 적절히 녹아 들어가는 것이 중요하다. 따라서 아래의 요령을 참고하되, 영문 추천서를 쓰기 어려운 추천인이라면 한글로 추천서를 받아 다시 영문으로 편집해야 한다. 추천인에게 최소한의 시간과 노력을 들이도록 하는 것이 예의인 만큼 내가 주도적으로 준비해서 기본적인 탬플릿, 내용의 구조, 언어적인 한계 등을 고려해서 부담을 덜어주는 것이 좋다.

또한 추천서는 추천인이 지원자의 리더십, 팀워크, 문제해결 능력 등을 객관적으로 평가하는 문서이기 때문에 신중하게 부탁해야 한다. 써주는 이들 역시 최대한 지원자의 역량과 장점이 돋보이도록 작성해야 한다. 추천서는 보통 2~3명에게 받으며, 추천인은 상사 혹은 같은 업무를 수행하며 나를 잘 알고 있는 사람들이 적합하다. 가장 이상적인 인물은 직장에서 나와 가장 많은 시간을 보내고, 나를 잘 아는 직속 상사일 것이다. 회사의 임원 직급을 가진 'C 레벨'급 인물들의 추천서도 중요하지만, 나의 장점을 가장 잘 파악하고 있다고 보긴 어렵다. 내가 어떤 역할을 했고, 어떤 결과를 냈는지를 구체적으로 언급할 수 있어야 하는데, 고위급 임원들은 프로젝트 결과와 서류 등으로만 평가하는 사람이기 때문에 나에 대해 속속들이 알지 못할 가능성이 크다. 물론 벤처기업 또는 중소기업의 경우라면 사정이 다를 것이다.

만약, 현재 직장에서 MBA를 준비하는 것을 알리기 어려운 상황이라면, 다른 대안을 찾아봐야 한다. 이럴 경우 전 직장 상사 등을 추천인으로 내세울 수 있다. 현재 직장으로 옮기기 전 직장에서 관계를 맺은 상사들도 내가 해왔던 업무의 성과나 리더십, 팀워크 등에 대한 경험을 했던 사람들이기 때문이다. 나를 지도했던 지도교수님도 중요한 추천인이 될 수 있다. 직장 생활이 아닌 학창 시절의 나의 성향, 학업 성취도 등을 설명해 줄 수 있기 때문이다.

많은 지원자가 추천서를 부탁할 때 어려움을 느끼는 경우가 많다. 직속 상사이기에 어려움을 느낀다거나, 관계가 껄끄러운 경우도 있겠지만 추천인이 바쁜 경우가 많기 때문이다. "당장 다음 주까지 필요한데 추천서를 써달라"고 요구하면 당장 작성해서 줄 만한 사람이 몇이나 되겠는가? 설령 급하게 작성해서 주더라도 원하는 방향이나 내용을 다 담지 못하면 난처해진다. 따라서 추천인에게 충분한 시간을 주고, 추천인이 내가 해온 프로젝트나 성과에 대해 쉽게 기억할 수 있도록 관련 자료나 문서를 함께 제공하면 원하는 방향의 추천서를 얻을 가능성이 높아진다. 특히, MBA 프로그램에서 요구하는 질문에 맞게 추천인이 답변할 수 있도록 구체적이고 명확한 가이드라인을 제공하는 것이 중요하다.

항목	팁
추천인 선정 기준	직급보다는 나를 잘 알고 있는 사람으로 선정 (영문 직함을 고려한 적당한 레벨이면 더 좋다)
요청 시기	지원 일정 고려해 최대한 빠르게 적합한 인물을 물색
추천서 내용	구체적인 성과와 업무 경험을 명확히 설명할 것
가이드라인 제공	프로그램이 요구하는 중요 역량을 강조할 수 있도록 안내

✳ KB Kookmin Card

30, Saemunan-ro 3-gil, Jongno-gu, Seoul 03173, Korea

9th November 2022

Letter of Recommendation

I am ▓▓▓▓▓▓▓▓▓▓▓▓▓▓▓▓▓▓▓▓▓▓▓▓ at Kookmin Card. I am writing this letter of recommendation for Mr. Sung Hwan Jeong, a tremendously fitting candidate for your programme.

I have been a senior manager in the new financial department for 6 years and have been Mr. Jeong's supervisor for 3 years. We have worked together on building the electric vehicle platform proposition and strategy for changes in government law and regulations.

Mr. Jeong is an exceptional business leader within our new financial business team and was able to provide acute solutions to the company with his extraordinary business insights and analysis of market. Mr. Jeong has exceptional situational judgement skills and ability to tackle immediate problems in a calm but efficient way. In the automobile financial product market, the market was growing quickly during the past 5 years and Mr. Jeong was able to build a business case that was logical, identified where our market positioning was and how we needed to improve. Also he provided an edge by suggesting that we needed to enter the electric vehicle market through data analysis and commercial acumen that ESG was getting more important. So we were able to launch the industry first electric vehicle financial product platform. In relation to ESG management, it was also selected as an excellent case and received the President's commendation. In addition, in relation to department KPIs, we also demonstrated our forward-looking ability to create new synergies with companies that we had not previously been able to contact with, such as Tesla.

Mr. Jeong achieved these major accomplishments because of his ability to lead and build relationships, positively engage cross functional teams across different levels both internally and externally. He is respected by his colleagues for his industry knowledge, business acumen and sincere attitude.

A potential area of improvement for Mr. Jeong would be his careful attitude within the company. I believe that this is the result of Korean corporate culture rather than Mr. Jeong's ability. Which is why I truly believe that your programme will help further develop Mr. Jeong's already forward-thinking ideas and that it will steepen his learning curve. I believe he can maximise his career path by enhancing his leadership and decision-making skills through the programme.

I have observed the applicant Sung-Hwan Jeong carefully for 3 years and he is someone who constantly promotes change, both by developing himself and his knowledge, and through new business ideas. Rather than staying with the status quo, he takes time to understand and learn the phenomenon, so that he has the ability to respond logically. When he said that he was applying for your course based on his existing engineering knowledge and his work experience in the financial industry, at first I was sorry to lose him, but through the your course I believe he can really reach his huge potential.

I strongly recommend that you accept Mr.Jeong into your university as I know that he will flourish and make your institution proud.

추천서 예시

STEP ⑥
학교별 지원이라는 수렁

해외 MBA 지원에서 또 하나의 난관은 여러 학교를 동시다발적으로 지원해야 한다는 점이다. 한국의 수능이나 취업 지원과 같이 해외 MBA도 마찬가지다. 해외 MBA의 경우 보통 1라운드~3라운드로 나뉘어 지원을 받는다. 토플이나 GMAT 점수를 더 높일 예정이 아니라면 대체로 1라운드에 지원하는 것이 유리하다.

2~3라운드에 지원자가 더 많이 몰리는 현상도 1라운드 중심의 지원을 추천하는 이유다. 군이 경쟁자가 많은 라운드에서 경쟁할 필요가 없고, 최대한 빨리 지원하는 것이 제한된 TO를 선점하는 방법이 될 수 있다. 단, 토플이나 GMAT 결과가 아직 나오지 않은 경우에는 2~3라운드에 몰아서 지원할 수 있을 것이다. 내 상황에 맞게 각 라운드별 전략을 세워야 합격 확률을 조금이라도 높일 수 있다.

따라서 지원할 학교를 어느 정도 정했다면 이제부터는 일정 관리가 중요하다. 학교마다 지원 일정이 다르기에 각 학교의 마감 일정을 파악하는 것이 우선이다. 1라운드에 지원한 학교를 2라운드에서 다시 지원하는 것도 불가능하기에 신중하게 판단해야 한다. 또한 학교마다 요구하는 서류, 에세이, 인터뷰 전형이 모두 다르기 때문에 이를 매뉴얼처럼 정리해 놓고 일정에 맞춰서 진행하는 것이 좋다. 이 과정에서 자신만의 지원 스케줄러를 만들어 관리하는 것이 좋다.

1라운드는 대개 9월 첫 주와 10월 첫 주에 몰려 있다. 안정적으로 준비하려면 8월부터 준비해서 지원하는 것이 좋다. 2라운드는 주로 12월~1월 중에 많은 학교들이 접수를 받는다. 바쁜 연말 일정으로 인해 자칫하면 놓칠 수도 있다. 정신없이 연말을 보내다 문득 정신을 차리면 지원할 학교의 마감 일정이 코앞에 있을 수 있는 것이다. 이런 최악의 경험을 하고 싶지 않다면 무조건 '미리미리' 준비하는 것이 좋다. 3라운드는 가장 늦게, 보통 3~4월에 지원을 받는다. 나의 경우는 임페리얼 MBA는 1라운드에 지원하여 합격 오퍼를 미리 받았으나, 3라운드에 옥스퍼드 MBA로부터 뒤늦게 합격통보를 받을 수 있었다.

하지만 일반적으로는 12월은 나에게 '없는 달'이라 생각하고 최대한 1라운드 지원에 최선을 다한 후, 11월부터 바로 2라운드를 차근차근 준비해야 한다. 1라운드에서 입학 허가를 받지 못했더라도 낙담하지 말고 차근차근 2라운드를 준비하면 원하는 결과를 얻을 수 있을 것이다. 많은 학교의 각기 다른 요구 사항들과 지원과정에 대응해 나가기 위해서라도 철저한 일정 관리와 지원 전략이 필수적이다.

옥스퍼드 MBA 지원 사이트

STEP ⑦
마지막 관문, 인터뷰

앞의 과정이 지난 후에 지원한 학교에서 인터뷰 초청(Invitation)을 받으면 비로소 마지막 관문에 도달한 것이다. 그러나 긴장을 놓쳐서는 안 된다. 인터뷰 초청이 합격을 의미하는 것이 아니기 때문이다. 오히려 지금까지의 과정을 모두 망라하는 수준의 많은 준비가 필요하다. 인터뷰 준비 역시 시간적 여유를 확보하는 것이 중요하다. 따라서 인터뷰 초청을 받기 전부터 '나는 무조건 인터뷰를 한다.'라는 전제를 세워놓고 미리 준비해야 한다. 인터뷰 초청을 받으면 통상 빠르면 일주일, 늦어도 한 달 이내에 인터뷰가 진행된다. 틈틈이 인터뷰 연습을 해두고, 나를 더욱 잘 표현할 수 있는 내용들을 조금씩 추가해 나간다면 합격 확률은 더욱 높아질 것이다.

대부분의 해외 MBA 프로그램은 인터뷰를 통해 지원자의 의사소통 능력, 리더십, 팀워크 경험, 그리고 문제해결 능력을 중점적으로 평가한다. 따라서 인터뷰에서는 자신의 강점을 효과적으로 보여줄 수 있는 구체적인 사례를 준비하는 것이 가장 중요하다.

효과적인 인터뷰 준비를 위해서, 가장 먼저 인터뷰 질문의 유형을 제대로 이해하는 것이 중요하다. 대부분의 MBA 프로그램들은 '행동 기반 질문 (Behavioral Questions)'을 많이 사용한다. 예를 들어 "어려운 프로젝트를 어떻게 성공적으로 이끌었는가?", "팀 내 갈등을 어떻게 해결했는가?"와 같은 질문들이 대표적일 것이다. 이러한 질문에 대한 답을 할 때는 단순한 이론적 답변보다는 'STAR 기법(Situation, Task, Action, Result)'을 활용해 구체적인 사례로 답하는 것이 좋다.

Situation: 문제나 상황이 무엇이었는가?

Task: 그 상황에서 자신이 맡은 역할이나 책임은 무엇이었는가?

Action: 문제를 해결하기 위해 무엇을 했는가?

Result: 그 결과는 무엇이었고, 어떻게 영향을 미쳤는가?

이를 통해 자신의 강점을 논리적이고 설득력 있게 전달할 수 있다면 더할 나위 없는 성공적인 인터뷰가 될 것이다. 예를 들어, 내가 어떤 프로젝트에서 리더로서 팀을 이끌어 목표를 초과 달성한 경험을 설명하거나, 예산이 부족한 상황에서 창의적인 해결책을 찾아낸 사례를 제시하는 것도 효과적일 것이다.

커뮤니케이션 능력도 중요한 평가 항목이다. MBA 과정에서는 다양한 배경을 가진 학생들과 협력하고 소통해야 하므로 인터뷰를 통해 복잡한 문제를 명확하고 간결하게 설명할 수 있는지 보여주는 것이 중요하다. 천천히 명확하게, 그리고 자신감 있게 말하는 연습을 반복하는 것이 도움이 된다. 특히 화상 인터뷰일 경우에는 화면을 바라보고 자연스럽게 대화하는 연습을 해두면 큰 도움이 된다.

인터뷰에서 자주 나오는 질문은 다음과 같다.

"자신의 리더십 스타일을 설명해 달라."

"어려운 상황에서 팀을 어떻게 이끌었는지 사례를 들어 설명해달라."

"MBA 이후의 커리어 목표는 무엇인가?"

"왜 우리 학교를 선택했는가?"

이러한 질문에 대한 답변을 미리 준비하고, 대본을 작성해 보는 것도 좋은 전략이다. 하지만 답변이 너무 기계적이지 않도록 최대한 자연스럽고 유연하게 대응할 수 있도록 여러 번 연습하는 것이 중요하다. 결국 인터뷰는 '내가 왜 이 학교에 가야 하는지', '이곳에서 무엇을 배우고 향후 내 커리어의 목표가 무엇인지' 등의, 앞선 과정에서 거쳤던 자기소개를 모두 정리해 말로 풀어내는 최종 관문이라고 생각하면 될 것이다. 최종 인터뷰를 성공적으로 진행한다면 해외 MBA의 문이 활짝 열릴 것이다.

MBA 인터뷰
준비 전략

항목	팁
질문 유형 이해	행동 기반 질문에 대비해 STAR 기법으로 답변 준비
구체적인 사례 준비	리더십, 팀워크, 문제해결 능력 등을 보여줄 구체적 사례 정리
의사소통 능력 향상	명확하고 간결하게 자신의 생각을 전달하는 연습
화상 인터뷰 준비	주변 환경 정리 및 카메라를 보고 자연스럽게 대화하는 연습
예상 질문 리스트 작성	자주 나오는 질문에 대한 답변을 미리 구상하고 자연스럽게 연습

나는 어느 학교든 물어봄 직한 공통 인터뷰 질문에 대한 답변을 예상 모의고사 준비하듯이 하나의 틀로 준비해두었다. 그리고 이러한 공통 질문마다 답변을 준비해두고 각 학교의 인터뷰에서 변형하여 활용하였다. 특히 이 부분은 주변에서 나에게 "어떻게 MBA를 준비하느냐"라는 질문을 할 때마다 매우 중요하다고 생각했던 부분이다. 왜냐하면 대부분의 MBA 준비 관련 정보는 인터넷 검색 등을 통해 쉽게 구할 수 있어도, 실제 인터뷰에서 질의응답이 어떻게 진행되는지는 쉽게 얻기 힘든 정보이기 때문이다. 물론 지원자들의 다양한 스토리와 커리어를 생각하면 정답은 아니겠지만, 내가 준비했던 약 20가지의 질문 중 실제 인터뷰에 일치하게 나왔던 부분을 선별하여 답변 예시와 함께 공유한다. 인터뷰를 준비하면서 참고할 수 있는 자료가 되길 희망하며, 실제 화상인터뷰를 진행했던 장면도 함께 첨부한다.

예시 대본

(자기소개)

It's great to be here. Thank you for inviting me. I'm looking forward to this opportunity and interview.

I'm currently working as a manager in the platform strategy group for KB Kookmin Card, the leading credit card company in South Korea. I was born and raised in South Korea, but I have always had a strong interest in global issues. So I attended a foreign language high school, majoring in Chinese. Upon completing my undergraduate degree in Information Systems from Hanyang University, I started my career as a project manager at Hyundai Motor Group.

Moving to the financial industry with KB Kookmin Card, I worked in branch network sales and marketing, as well as in the new financial business development department. After a couple of promotions, I am now in charge of developing the platform strategy for KB Kookmin Card, focusing on ensuring customers use our payment platform. I appreciate and enjoy what I currently do, but in order to become a true leader who drives business success, I boldly decided to pursue an MBA program at Imperial College to learn strategic thinking and communicate with diverse members.

(지원동기, Why MBA?)

서론: After working for the last four years in the platform strategy group at KB Kookmin Card and two years as a project manager at Hyundai Motor Group,

I've realized that I've hit a ceiling in terms of independent decision-making and the social impact I can have. Because of the conservative culture in big companies in South Korea, there are redundant steps requiring multiple levels of approval. So I really wanted a pivotal point in my life to develop myself and drive industrial and social change. An MBA program is the right choice for me.

본론: First of all, I want to develop a broader and deeper frame of mind for understanding the world we live in. This can be achieved by developing a strategic and critical mindset, gaining a global business understanding, and enhancing my ability to analyze data. These can be efficiently developed through the Imperial MBA program.

In addition, in last year's Imperial alumni network, there were members from 29 countries—I expect to broaden my global network. I will participate in and contribute to global projects as an ESG consultant based on this global network.

결론: These considerations led me to apply to this MBA program.

(Why this school?)

I know that Imperial's first principle is "to benefit business and improve society through the power of innovative thinking." This principle is reflected in your community, professors, and courses.

First of all, I found out that you have an Innovation & Entrepreneurship Club. As someone who has created a platform that connects EVs with payment services, I would like to contribute to this club by sharing my platform experience. Of course, I also want to gain insights from other members.

Secondly, Imperial offers both core and flexcore modules, and I was really impressed with the Design Thinking flexcore module. Since I have a strong interest in solving strategic problems involving conflicting interests, learning about disruptive innovation would be very helpful for me in my role as an ESG strategy consultant, where I must balance profit with sustainability.

Lastly, I found that there is a course taught by Professor Christopher Tucci, who specializes in digital strategy and innovation. I believe I can combine my previous experience with the knowledge gained from his course to broaden my horizons.

This is why I realized that your school's program is the perfect fit for me.

(Describe your current role & responsibilities)

The payment sector is becoming more important and competitive than ever for many financial companies in Korea. I am focusing on establishing strategies for the KB Financial Group platform, where payment services are becoming increasingly active. Mapping out strategies and setting the right direction to drive more customer inflow and usage is one of my main responsibilities.

I am also focused on developing a platform strategy through data analysis to increase Monthly Active Users (MAU). Additionally, I am studying various fields such as content development, new marketing strategies, and customer personalization services to attract more customers.

실제 인터뷰 진행 모습

Cover Letter,
모든 새로운 시작의 준비

커버레터(Covet Letter)는 쉽게 말해 영문 이력서(CV)등과 함께 표지(Cover)로 제공되는 편지, 다시 말해 지원자가 해당 직무에 적합한 후보라는 것을 설명해주는 문서이다. 단순히 이력서 내용을 반복하는 것이 아니라 커버레터를 통해 지원자의 경험과 역량을 지원 직무와 연관 지어 보다 압축적으로 설명하는 것이 목적이다. 짧게나마 추가 STEP을 통해 MBA 지원과는 별개로, 해외 기업 취업의 필수 요소 중 하나인 커버레터에 대해서도 짚고 넘어가고자 한다.

커버레터는 앞서 정의한 의미와는 별개로 영미권에서 이력서 및 자기소개서를 의미하기도 한다. 일반적으로 많은 사람들이 우리나라에서의 자기소개서와 같은 뜻으로 이해하고 있으나 완벽히 일치하는 것은 아니고 약간의 차이가 있다. 단어 그대로의 뜻에서 유추할 수 있는 점이 한 가지 있는데, 바로 레터(Letter)이다. 커버레터는 내용이 어떻든 일종의 편지이기 때문에 편지의 형식을 지켜야 한다. 또한 우리나라의 자기소개서는 회사에서 제시하는 질문에 대한 답변이 주(主)라면 커버레터는 어떠한 답변을 낸다는 개념보다는 자신의 능력과 가치관, 자격 등을 주체적으로 언급한다. 주의해야 할 점은 커버레터 자체가 편지 형식이기 때문에 우리가 생각하는 자

기소개처럼 구구절절 길게 쓸 필요가 없다. 대부분의 커버레터의 길이는 1
장 정도로 구성되며, 짧은 길이 안에서도 간결하고 핵심적인 내용이 기재
될 수 있도록 작성하는 것이 중요하다. 일반적으로 비즈니스 레터(Business
Letter)의 형식을 가지고 있기 때문에 본인의 성함과 주소, 연락처를 왼쪽 상
단에 기재하고 커버레터의 맨 마지막에는 자신의 서명을 하게 된다.

통상 4개의 문단으로 구성하는 것이 일반적이다.

자기소개 및 지원 의사 → 업무와 관련된 경력과 보유 스킬 → 본인의 포
부 및 비전 경쟁력 → 내용 정리 및 인터뷰 기회 요청. 일반적으로는 이런 흐
름이 좋다. 따라서 인사말, 서두, 본론, 맺음말로 구성하는 것이 적합하다.

1. **인사말:** 수신인의 이름을 기재하는 것이 좋다. 편지라곤 하지만 그 목
   적이 입사를 위한 것이기에 인사 업무를 보는 담당자를 확인하여 기
   재하면 좋다. 당연히 이름을 기재할 때는 직책은 물론, 철자도 틀리
   면 안 된다. 만약 회사에 지원을 담당하는 인사 담당자의 이름을 제대
   로 모르는 경우에는 직접 회사에 알아보거나 Dear Hiring Manager,
   Dear HR Team과 같은 표현을 쓰면 된다.

2. **서두:** 현재 본인이 지원하고자 하는 분야에 대해 작성하는 것이 일반
   적이다. "왜 이 회사에 지원하는가?", "왜 이 직무에 지원하는가?"와
   같이 자기소개서에도 늘 핵심이 되는 지원동기와 관련된 부분이 명확
   히 들어가야 한다. 가장 선행되면서도 가장 어려운 부분인 만큼 내가
   걸어온 커리어 패스(Career Path)와 여러 활동을 지원동기에 하나의 스토
   리로 잘 녹여서 진실성(?) 있는 지원동기를 만드는 것이 중요하다.

3. **본론:** 지원하는 업무와 관련된 본인의 경력과 능력을 유감없이 뽐내는
   구간이다. 당연히 편지이기 때문에 획일화된 형식이 있는 것은 아니지
   만, 일반적으로 업무와 관련된 내용에 대한 자격 요건을 얼마나 충족

하고 있는지, 어떤 역량을 보유하고 있는지를 쓰는 것이 바람직하다. "내가 지원하면 회사는 무엇을 얻을 수 있는가?"라는 명제를 회사의 관점에서 바라보고 이에 대한 답을 찾아가는 과정이라고 생각하며 작성하는 것이 좋다. 그리고 단순히 내가 해 왔던 일들과 활동들을 나열식으로 모두 적는 것보다 해당 지원과정에 강점이 될 경력들을 선별적으로 정리해서 하나의 일관된 흐름을 만들어야 한다. 이를 통해 내가 얼마나 많은 일을 했느냐보다는 내가 이 일을 얻기 위해, 이 직무를 수행하기 위해 어떤 노력을 일관되게 했는지를 증명해야 한다.

4. **맺음말:** 마무리 단계이다. 커버레터 역시 일반 편지처럼 감사의 말로 마무리 짓는 것이 일반적이며 간략한 내용 정리 및 인터뷰 요청을 하면 된다. 인터뷰 요청 역시 비즈니스 레터의 형식대로 정중하게 요청해야 한다. 단순히 "면접을 보고 싶습니다. 인터뷰 기회를 주세요." 이런 느낌의 표현보다 "나는 ○○경력과 ○○관련 역량을 가지고 있는데, 이를 통해 회사의 ○○업무에 참여하고 싶다. 따라서 인사 담당자님과 꼭 인터뷰를 해보고 싶다."라는 식으로 적는 것이 좋다.

사실 커버레터와 관련된 전반적인 내용을 정리하고 나름의 방법론적 설명을 적긴 하였으나, 나는 여전히 커버레터에는 정답이 없다고 생각한다. 비슷한 직무에 일하고 있으신 분이나, 참고할 만한 분들의 커버레터를 많이 보고 나의 글을 다듬어 나가며, 나를 어필할 수 있는 완결된 글을 작성하는 것이 중요하다.

4장

어떻게
살아남을 것인가?

효율적인 유학을 위한 사전 준비

이탈리아 남부 여행 사진

회사 생활을 하며
다른 무엇을 준비한다는 것

"오늘 또 반차야?" 평소 싫은 감정을 잘 드러내지 않던 부장님의 표정이 일그러졌다. 오랜 세월 FM으로 단련되어 누구보다 일찍 출근하고 연차도 사치로 여기던 분이기에, 연달아 반차를 내고 꽁무니를 빼는 '대리' 따위가 마음에 들 리 없다. 상왕의 노기에 내전을 뒷걸음질로 나오는 신하처럼 어깨를 잔뜩 움츠리고 문소리도 내지 않고 빠져나왔다. 앞서 세운 전략을 바탕으로 6개월 동안 MBA 유학 준비를 모두 마치겠다고 결심했기에 나에겐 하루하루 시간이 촉박했다. 급하게 GMAT 과외를 구해서 받았고, 토플과 아이엘츠 모두를 준비하느라 정신이 없었다. 향후 있을 면접을 위해 원어민 영어 선생님을 섭외해 틈틈이 회화 연습도 해야 했다. 여기에 발송해야 할 많은 종류의 서류는 덤이었다.

해외 MBA에 합격하고 나서 직장 동료들로부터 가장 많이 받은 질문은 도대체 언제 유학을 준비했느냐는 질문이었다. 부쩍 잦아진 연차와 반차를 보며 이 바닥 생리를 훤히 꿰고 있던 윗분들이야 의구심을 가졌겠지만, 동료들은 갑작스러운 퇴사 통보와 함께 해외 MBA를 간다는 말에 다들 놀라워했다. 주변에서 말이 안 나오게 하면서 업무를 원활히 수행하며 MBA를 준비한다는 건 결코 쉬운 일이 아니다. 예전보다 몇 배의 노력을 해야 하며, 기민하게 눈치도 볼 줄 알아야 한다. 마음고생은 당연하다. 따라서 일의 부하를 줄이고 회사 동료에게도 폐를 끼치지 않기 위해선 효율적인 방법이 필요하다.

나는 내가 몸담았던 회사의 선후배와 동기 모두를 진심으로 존중한다. 대기업이라는 직장이 누구에게나 주어지지는 않으며, 업무와 조직 생활이 주는 긴장 또한 만만치 않은데, 나와 동료 조직원 모두 이 과정을 묵묵히 감내하며 일해 왔다. 그래서 조직에 몸담은 마지막 순간까지 나는 회사와 동료에 대한 존중을 보여야 한다고 지금도 믿고 있다. 내 경험으로는 커리어 상승을 위해 퇴사하겠다는 사람을 조직에서 긍정적으로 보기는 어렵다. 자신의 미래를 위해 함께 몸담은 조직을 나가겠다고 공표하는 것은 외견상 존중받을 순 있어도 결코 긍정적으로 평가받기는 어렵다. 이런 행동은 단일한 지향성과 효율성을 중시하는 대기업 입장에선 조직 문화를 흔드는 행위나 마찬가지다. 해외 MBA를 준비하는 기간에 보여야 할 전략적 행보는 너무나 중요하다. 물론 처지가 나와는 달라서 충분한 자유와 시간을 가지고 준비할 수 있는 사람도 있을 것이다. 그러나 만약 재직 중에 유학을 준비한다면 나의 경험이 도움이 될 만한 사례가 될 수 있다고 생각한다.

첫째로, 해외 유학을 결심했다면 보다 과감한 투자를 하길 권한다. GMAT과 영어시험 모두를 준비해야 했기에 나는 우선 학원들을 찾아다녔다. 그러나 GMAT, 토플, 아이엘츠 등의 전문학원은 수업 시간이 정해져 있다. 이 시간에 맞춰 가며 회사 생활을 병행하다가는 얼마 못 가 나가떨어질 것 같았다. 그래서 온라인 플랫폼 등을 통해 비록 비용이 더 들더라도 전문가를 찾아 배우기로 했다. 시간과 장소를 내 동선에 맞출 수 있었기에 더욱 좋았다. 효율적인 준비를 위해서라면 추가 지출을 감수하는 것이 더욱 현명한 방법일 수 있다.

둘째로, 주변 관계에 더 신경을 쓰는 것이 필요하다. GMAT 시험의 경우 평일에 응시하는 경우가 많아 오전 반차를 쓰는 경우가 꽤 있었고, 급히 서류들을 준비할 때도 어쩔 수 없이 반차를 쓸 수밖에 없었다. 허용된 연차 개수가 한정된 만큼 나는 대부분 반차 제도를 적극 활용했다. 반차더라도 자리를 자주 비우는 동료가 좋게 보일 리 없다. 더구나 사유도 밝히지 않는다면 더더욱. 나는 그래서 사소한 부분이라도 동료와 선배에게 더 신경을 쓰고자 했다. 같이 점심을 먹거나 가끔 이뤄지는 티타임, 출근 시간에라도 더 자주 인사하고 근황과 안부를 묻곤 했다. 또한 진부한 방법일 수는 있으나 커피를 자주 샀다. 비밀(?)을 간직한 채 자리를 자주 비웠기에 물리적으로 허술해진 관계의 틈을 조금이라도 메꾸고자 했다. 이런 행동은 무거운 마음의 짐을 덜어주는 효과도 있었다. 같은 공간에서 함께 일하는 사람들을 조금이라도 더 신경 쓰는 것이 비밀을 간직한 동료로서 나름의 최선을 다하는 것이었기 때문이다. 또한 적어도 내가 해야 할 업무는 책임지고 다하고 있다는 것을 커피라도 한잔하며 동료에게 편하게 공유할 수 있었다. 이를 통해 조금은 덜 무거운 마음으로 회사 생활과 유학 준비를 병행할 수 있었다.

마지막으로는, 내가 놓쳤던 부분 하나를 언급하고자 한다. 옥스퍼드로 떠나기 한 달 전에 낯선 이가 보낸 메시지를 받았다. 자신도 옥스퍼드 오퍼를 받은 한국인인데 혹시 당신도 그러하냐는 물음이었다. 그제야 링크드인(LinkedIn)의 프로필에 "옥스퍼드 MBA 진학 예정"이라는 문구 한 줄을 추가했던 기억이 났다. 초대를 받고 들어간 단톡방에는 비슷한 나이대의 한국인들이 있었다. 합격통보를 받은 그들은 이미 몇 달 전에 서울에서 만나 식사도 하며 좋은 정보들을 서로 주고받았다. 여기서 좋은 정보라 함은 단순히 유학 준비에 관련된 것이 아니라, 옥스퍼드 생활에 필수적인 칼리지

(College) 정보, MBA 네트워킹 행사 정보, 학기 시작 전에 약 100여 명의 동기들이 함께 에든버러로 여행을 간다는 등의 실생활과 밀접한 정보들을 의미한다. 1년이라는 짧은 기간을 고려한다면 매우 중요한 정보들이었다. 나는 그제야 내가 평소 쓰지 않았던 왓츠앱(WhatsApp)이라는 메신저 앱도 다운로드 받아 전 세계 예비 신입생들의 단톡방에 들어갈 수 있었다. 이 글로벌 단톡방에는 서로의 관심사는 물론, 자신이 걸어온 길과 향후 추구하는 커리어, 그리고 이와 관련한 행사 정보 등 수많은 정보가 공유되고 있었다. 특히 인상적인 것은 입학 전부터 시작된 구직 활동이었다. 1년제 MBA의 특성상 합격 전부터 구직 활동을 하는 사람들이 많다는 것을 어렴풋이 들어서 알고는 있었지만, 그 구체적인 유형은 모르고 있었다. 실제로 많은 동기들이 자신이 가고자 하는 회사에 "내가 곧 옥스퍼드 MBA에 진학해서 ㅇㅇ 영역을 학습할 것인데, 졸업 후 당신 회사의 ㅇㅇ 프로젝트에 참여하고 싶다."라는 내용으로 접촉하고 있었다.

유학 준비를 하는 사람들과 교류하며 학교의 프로그램과 일정, 지역의 문화 등에 관한 정보를 얻는 것은 효율적인 유학 준비를 위해 생각보다 중요하다. 학원을 통해 유학을 준비하는 경우 이러한 교류는 자연스럽게 형성되겠지만, 홀로 준비할 경우엔 '유학 동료'가 생기기 쉽지 않다. 동료가 없으면 정보가 부족하고, 좋은 정보를 가장 늦게 듣기도 한다. 이런 개인적 아쉬움이 바탕이 되어 해외 MBA를 고민하는 이들에게 도움을 주고자 한 점이 이 책을 집필하게 된 계기 중 하나이기도 하다. 따라서 온라인 커뮤니티나 링크드인(LinkedIn) 등을 적극적으로 활용해서 비슷한 진로를 준비하는 이들과 최대한 정보를 공유하는 것을 권장한다.

불안한 내 진로,
더 불안한 내 통장

    MBA 프로그램을 결정하고 합격을 준비하는 것만큼이나 중요한 것은 결국 생활의 토대가 되는 재정 문제이다. 매달 입금되던 월급이 하루아침에 끊긴다는 것은 〈심야괴담회〉보다 무서운 일이다. 그렇기 때문에 학비와 현지 체류 비용 말고도 나에게 다가올 '무임금 기간'을 엄정하게 따져봐야 한다. 많은 MBA 지원자가 합격통보를 받고 나서야 퇴직과 관련된 준비를 한다. 문제는 퇴직 이후 실제 출국까지 꽤 오랜 무임금 기간이 있음에도, 필요한 지출에 대한 계획을 세우지 못한 경우가 많다는 것이다. 따라서 휴직 또는 퇴사 시점과 실제 출국 시점을 함께 고려하여, 본인에게 필요한 예산을 꼼꼼하게 계획해 두면 불안한 내 통장을 더 계획적으로 관리할 수 있다. 현명하게 미래의 무임금 기간을 준비해야 한다.

    우선, 퇴사 전에 회사의 복지제도를 꼼꼼하게 확인하자. 복지가 좋은 회사에 다녔다면, 단연 퇴사 후엔 사라지는 복지혜택에 대한 아쉬움이 클 것이다. 회사의 복지를 최대한 누리고 퇴사하는 것을 추천한다. 복지포인트, 건강검진 등 수많은 사내 복지는 말 그대로 '회사 안에 있을 때만' 이용이 가능하기 때문이다. 복지포인트가 남아 있다면 회사 복지 몰에서 필요한 물건을 미리 구매해두는 것이 좋으며, 건강검진 역시 미리미리 받아두는 것이 좋다. 나 역시 퇴사 전달에 건강검진을 받아 당분간 누리기 힘들 의료 혜택을 회사를 통해 누릴 수 있었다. 그리고 당시 회사에서 지원하던 가족 건강검진 역시 스케줄을 미리 잡아, 부모님께서 한 번이라도 더 건강검진을 받으실 수 있도록 하였다.

생활자금과 관련한 재정 관리의 중요성은 두 번 말하면 입 아프다. 퇴사 시점을 가늠했다면, 최대한의 비상 자금을 준비해야 한다. 사람마다 다양한 재테크 방식이 있겠지만 변동성이 큰 시기인 만큼 CMA 계좌나 이율이 높은 세이프박스 등을 활용해서 단기적인 비상 자금들을 미리 준비하는 것이 좋다. 그리고 퇴직금의 경우 이를 어떻게 활용할지 최대한 구체적으로 자금 계획서를 써보는 것도 권장한다. 퇴직금을 IRP 계좌에 넣어 운용하거나 일시납으로 받는 것도 자신의 상황에 맞게 선택하는 것이 필요하다.

특별히 나는 국민연금으로 인해 혼선을 겪었다. 이직이 아닌 퇴직을 하게 되면 국민연금이 직장가입자에서 지역가입자로 전환된다. 그리고 지역가입자로 전환되면 매달 일정 금액을 직접 납부해야 한다. 그러나 나의 경우 유학을 위해 해외에 체류해야 하는 경우였기에 국민연금 '납부 유예'를 신청할 수 있었다. 만약 국민연금 납부 기간을 이어가고 싶다면 추후 공백기에 납부하지 않은 국민연금을 한 번에, 혹은 분할해서 내는 것도 가능하다. 해외로 나가는 경우 특히 이와 관련된 부분을 미리 챙겨두고, 나와 같이 갑자기 날아온 고지서에 놀라지 않았으면 한다.

그리고 일반적으로 퇴사 직전에 마이너스 통장을 미리 개설해 두거나 대출한도를 늘려두는데, 나는 해외 체류 기간이 얼마나 오래될지 가늠되지 않아 따로 준비하지는 않았다. 만약 확정된 유학 기간이나 자금 이슈들이 있다면, 혹시 모를 상황에 대비하여 대출과 관련된 부분도 재직 중에 준비해두는 것이 좋다.

이와 별개로, 퇴사하기 전 또 하나의 중요한 지점은 주변 정리를 잘하는 것이다. 일단 합격이 결정되고 내가 휴직이나 퇴직을 할 것이 정해졌다면, 마무리를 아름답게 준비해야 한다. 사람 인생 모른다는 말이 있듯, 지금은 인연이 끝난 것처럼 보여도 언제 다시 만날지 모르는 사람들이다. 직장인 이었다면, 회사 생활이 아마도 자신에게 가장 중요한 사회적 관계였을 것이다. 그러므로 최대한 회사를 나갈 때까지 할 수 있는 도리를 다하는 것이 좋다. 우선, 제도적인 예의를 잘 지키는 것이 중요하다. 굳이 너무 이른 타이밍에 나의 신변의 변화를 알리고 다닐 필요는 없지만, 관례 및 제도를 준수하는 측면에서 퇴사 한 달 전에는 적어도 퇴직 사실을 알리는 것이 필요하다. 이를 통해 회사도 결원에 대비하고, 또 함께 일하던 동료들이 변경될 업무에 적응할 수 있는 시간을 주는 것이 예의다. 추가적으로 자신이 사용하던 컴퓨터나 곳곳에 남아 있는 개인정보들과 흔적들을 미리 잘 정리해두는 것도 필요하다.

이처럼 해외 유학에는 생각보다 소소하게 사전에 준비해야 할 요소들이 많다. 나는 유학을 준비하면서 이런 구체적인 생활의 영역까지 잘 정리해둔 소스를 얻지 못했다. 그래서 내가 놓치고 있거나 대응하지 못한 부분은 없는지, 영국으로 떠나는 그날까지 늘 긴장하였다. 소소해 보이지만, 정작 중요한 정보의 부재 상황이랄까. 누군가에겐 사소할 수 있지만, 위에 정리한 디테일한 정보들까지도 필요한 이들에게 도움이 되길 희망한다.

불확실성에
투자하기

　지킬 것이 점점 많아지는 나이에 직장을 나와 새로운 일을 기획한다는 것은, 무언가를 버린다는 것을 의미하기도 한다. 임금, 결혼, 모아둔 돈, 보장된 사회적 관계 등. 특히 한국처럼 나이에 대한 사회적 관념이 중요한 나라에서 새로운 선택을 하는 것은 큰 용기를 필요로 한다. MBA 입학 허가를 받기 전까지 갖은 걱정들이 머릿속을 떠나지 않을 것이고, 때로는 당신의 결심을 회유하는 여러 전조가 생길 수도 있다. 고민이 커지면 결국 다시 흔들린다. 이 나이에 유학을 떠나는 게 맞는 건가? 유학을 간다고 잘 적응할 수 있을까? 만약 적응도 못 하고 재취업도 잘되지 않으면 어떻게 하지? 문득문득 이런 불안감이 엄습하고 이 불안감은 대체로 현실적 근거가 있기에 쉽게 넘길 수도 없다. 그래서 내가 느꼈던 불안감을 공유하는 것이 비슷한 고민을 가진 사람들에겐 공감과 위안을 줄 수 있다고 생각한다. 그래서 조금 부끄럽지만, 어쩌지 못했던 지난날의 나의 불안감을 공유하고자 한다.

　우선 나이에 대한 불안감이다. 내가 유학 가기로 마음먹었던 나이가 만 32살이었다. 내 친구들 다수가 이미 결혼했고, 내가 결혼식 사회를 봐준 친구는 벌써 아이가 걷기 시작하였다. 그런데 난 아직 미혼에 결혼을 앞두지도 않았으며, 기약 없는 유학길을 떠난다. 심지어 나를 증명해 주는 대기업

명함도 버리고 말이다. 한국에서 소개팅을 하더라도 어떤 일을 하는지는 최우선 질문 중의 하나인데, 번듯한 명함도 하나 없다는 것은 불안감을 더 고조시켰다. 사회적인 나이에 맞는 사회적인 지위를 갖추지 못하는 것에 대한 걱정 또한 많았다. 과거부터 MBA 무용론이 심심찮게 거론되기도 하는 만큼, MBA 졸업 이후에 내 연차에 맞는 직급과 대우를 받는다는 보장이 없었기 때문이다. 만약 유학을 떠났다가 적당한 커리어를 찾지 못한다면 부득이 더 낮은 직급과 대우도 감수해야 하기 때문이다.

사실 이러한 종류의 불안함은 뾰족한 대책이 없다. 자신의 확고한 가치관과 자기 결정에 대한 확신으로 이겨내는 수밖에. 이 시절 나에게 도움을 주었던 것은 나를 잘 아는 친구들과 회사 동료들의 공감이었다. 그들은 나의 불확실성에 대한 고민을 충분히 공감해 주면서도, 이제껏 봐온 나의 모습에서 충분히 내가 더 나은 미래를 만들어갈 것이란 응원을 해주었다. 나와 가까운 동료와 술 한 잔 곁들이며 각자의 미래를 응원하는 것은 큰 위안을 주었다. 그리고 나와 같이 직장을 다니다 해외로 떠난 이들의 사례를 검색하면서 불안지수를 점차 낮추기도 했다. 생각보다 많은 이들이 나와 같이 해외 유학의 불확실성을 감수했기 때문이다. 그들의 스토리를 듣고 보는 것이 많은 도움이 되었다.

그리고 또 하나는 언어에 대한 불안감이다. 나름 국내파치고는 수준급의 영어를 구사한다고 생각했지만, 학습과 장기 체류는 또 다른 문제였다. 생활 언어가 아닌, 집을 계약한다든지 수업에서 사용하는 학술 용어를 온전히 이해하고 내 의견을 주저 없이 발표할 수 있을까 하는 걱정이 앞섰다.

그래서 대부분의 MBA 합격생이 학기가 시작되기 전 여행을 다닐 때, 나는 어학연수를 선택했다. 나는 가족을 제외하고는 주변에 전혀 알리지 않은 채, 여행을 가듯 어학연수를 떠났다. 옥스퍼드 MBA를 가겠다는 사람이 20대 초반에나 갈 법한 해외 어학연수를 간다는 게 개인적으로는 부끄러웠다. 괜한 자격지심을 안은 채, 33살의 나이에 어릴 때도 못 가본 어학연수를 등록했다. 어린 시절 워킹홀리데이 프로그램으로 많이들 가던 호주나 뉴질랜드보다는, 어학연수를 가는 친구들이 많이 선택했던 캐나다에 관심이 생겨 한 달간의 캐나다 어학연수를 선택했다. 기왕 해외로 나가는 것이라 여행의 기쁨도 포기하고 싶지 않았다. 그래서 2주는 밴쿠버, 2주는 토론토에서 지내면서 어학연수와 여행의 느낌 모두를 누리고자 하였다. 평일 낮에는 어학연수 수업을 받고 저녁에는 밴쿠버나 토론토 곳곳의 유명 관광지를 둘러보았다. 그리고 주말에는 밴프(Banff) 투어처럼 필수 관광지를 여행하였다.

그리고 어릴 때 그토록 부러웠던 어학연수라는 것이 어떤 것을 배우는지도 알게 되었다. 유학 준비과정에서 취득해 놓은 영어 성적 덕에 어학연수 학원에서는 가장 높은 반에 편성되긴 했지만, 실제 수업 자체가 엄청난 난이도가 있다든지 영어 실력을 높이는 데 필수적인 과정이라고 느껴지진 않았다. 다만 여러 기사를 읽어보거나, 기사 내용을 토대로 서로 토론하는 수업을 통해서 앞으로 다가올 MBA 과정의 애피타이저 느낌으로 미리 적응하고 마음의 불안감을 조금이라도 낮추는 데 도움을 받긴 하였다. 최소한 마냥 놀기만 하는 것은 아니라는 나름의 위안이 있었고, 실제 요즘 쓰이는 용어나 내가 알지 못했던 여러 단어를 현지에서 많이 배울 수 있었기 때문이다.

처음 유학을 떠나는 경우에는 몇 달 일찍 그 나라로 떠나 미리 어학 관련 대비를 하는 경우가 많다. 국내에서 쌓아온 자신의 어학 실력을 현지화하기 위해 미리 시간과 비용을 투자하는 것이다. 그런데 석·박사의 경우는 연령대도 다양하고 첫 유학이 아닌 경우가 많기에, 나와 같이 굳이 어학연수를 미리 하는 경우를 보지는 못했다. 이 지점이 아무래도 주변에 나의 어학연수 사실을 비밀로 했던 이유 중 하나였다. 이 모든 걸 경험해 본 나로서는 상위권 MBA가 요구하는 어학 성적을 갖췄다면, 별도로 어학연수까지 떠날 필요는 없다고 생각한다. 왜냐하면 그 정도 수준의 어학 실력이라면 어학원의 가장 높은 반 수업을 따라가기에도 충분하고, 새로 배우는 내용이 별로 없을 수 있기 때문이다. 수업의 초점 역시 어린 학생들에게 맞추어져 있다. 굳이 비용과 시간을 들이기보다 국내에서 MBA 수업과 관련된 용어들을 다양한 콘텐츠로 학습하는 것이 더 효율적일 수 있다. 물론 나의 경우 불안감을 다스리고 여행도 함께하기 위한 어학연수였기에 후회는 없었다.

마지막으로 외국 생활의 적응에 대한 불안감도 무시하지 못한다. 사실이 부분은 스스로 자초한 부분도 크다. '나이'를 중요한 차이 또는 장벽이라고 생각했고 스스로 행동을 검열했기 때문이다. 어린 시절이었다면 스스럼없이 다가갔을 텐데, 나는 내 나이가 어린 친구들에게 불편함으로 다가가지 않을까 걱정했다. 그래서 어학연수나 여행 중에 만난 사람들에게 쉽게 다가가지 못했던 적이 많았다. 열린 마음으로 더 적극적으로 그들과의 관계에 뛰어들었으면 더 다양한 관계들이 무르익었을 것이다. 예를 들어 핼러윈 파티처럼 다들 각자의 개성에 맞게 파티를 준비하고 쇼핑을 갈 때에도 나는 괜히 '내 나이가 몇인데….'라는 생각으로 그 순간을 즐기지 못했다. 이러한 부분들은 나에게 어느 정도 후회로 남는 부분이기에, 유학을 앞둔 독자분들은 보다 적극적으로 관계를 맺음으로써 현지 생활에 큰 어려움 없이 적응하시기를 바란다.

'FOMO'(Fear of Missing Out, 자신만 소외될지도 모른다는 불안감을 의미)라는 사회심리학적인 용어가 나에게도 크게 다가왔다. 더군다나 MBA 과정에서 벌어질 수많은 파티에 나만 빠진다든지, 어색해할 수 있다는 걱정들이 불안감으로 다가왔기 때문이다. 현지 도착 이후 어느 정도 애를 먹기도 하였지만, 나와 마음이 통하는 사람은 어디든 있고 또 나타난다는 마음가짐으로 33살 아재의 FOMO는 점차 극복되어 갔다. 그동안 쌓아온 사회생활 속에서 느꼈듯, 결코 관계라는 것은 조급해서 좋을 것이 없다는 깨달음이 있었기 때문이다. 결국 나와 결이 맞는 사람은 국적과 나이에 관계없이 생기기 마련이다. 그러므로 너무 조급하게 해외 생활에 적응하려 한다거나, 사회 관계적인 부분들 때문에 불안해하지 않았으면 한다. 여유를 가지고 열린 태도로 한 사람 한 사람 만나다 보면 나와 맞는 사람들이 생길 테니 말이다.

남몰래 떠난 캐나다 어학연수 & 여행 사진

비자 및 생존 준비
: 끝날 때까지 끝난 게 아니다

　아직 끝날 때까지 끝난 게 아니다. 지금까지의 노력이 해외 MBA 입학 허가를 위한 것이었다면, 이제부터는 현지에 무사히 입국하기 위해 건강 검진을 비롯한 다양한 서류를 준비해야 하기 때문이다. 학교에서 입학 오퍼를 받은 이후부터는 비자 발급부터 현지 정착까지 생각보다 준비해야 할 부분이 많다. 미리 꼼꼼하게 대비해야 한다. 이를 위해 가장 먼저 해야 할 일은 비자 발급이다. 해외 MBA 학교에 입학하기 위해서는 해당 국가의 학생비자를 발급받아야 한다. 비자를 발급받기 위해서는 신경 써야 할 점이 많기에 체크리스트를 마련해서 준비하는 것이 좋다.

　학생비자 신청 절차는 나라마다 다르다. 그렇기 때문에 입국을 원하는 나라의 대사관 또는 영사관 웹사이트를 통해 필요한 서류와 절차를 미리 파악해야 한다. 일반적으로는 학교의 입학허가서, 재정보증서, 여권, 증명사진 등이 필요하다. 비자 발급도 시간이 다소 늘어질 수 있으니 충분한 시간적 여유를 두고 준비해야 한다. 일부 국가에서는 비자 발급을 위한 인터뷰도 진행하니 미리 준비하는 것이 좋다.

　출국을 위한 각종 서류를 준비하면서 큰 차질을 빚을 뻔한 서류가 있었는데, 바로 건강검진 결과지였다. 이는 영국에 한정된 사항으로 알고 있는

데, 영국은 비자 신청을 하려면 결핵 검사를 받고 이 결과지를 비자 센터에 제출해야 심사가 진행된다. 그런데 아무리 한국의 의료 체계가 효율적이라 해도, 하루 이틀 만에 진행할 순 없다. 건강검진센터에 예약하고, 결과지를 받는 것 역시 넉넉히 일주일을 잡아 두어야 했다. 짧은 기간 회사에 다니면서 여러 시험을 치르다 보니 반차와 연차를 많이 소진하였고, 결국 막상 비자를 신청해야 할 때가 되자 일정이 촉급했다. 부랴부랴 결핵 검사를 예약하고 그 결과지를 받자마자 비자센터로 달려가야만 했다. 특히 영국으로 유학을 준비하는 분들은 아래 첨부하는 비자 신청을 위한 건강검진 등을 사전에 준비해야 한다.

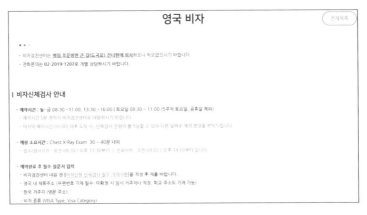

영국 비자 건강검진 관련 내용

재정 증명도 필수적인 요구 사항이다. 내가 현지에서 자력으로 생활하며 공부할 정도의 경제력을 갖췄는지를 현지 국가는 중요하게 생각한다. 영국의 경우 비자 발급을 위해서는 학비와 생활비를 충당할 수 있는 재정 능력을 입증해야 한다. 만약 이런 서류들이 준비되지 않거나, 재정 능력을 제대로 입증하지 못한다면 비자 발급이 지연될 수 있다. 시간을 절약하기 위해선 금융기관에서 발급하는 재정증명서를 미리 준비해두는 것이 좋다.

비자 외에도 현지 생활에 대한 준비도 철저해야 한다. 국내에서도 다른 지역으로 이주할 때 많은 준비가 필요한데 해외는 오죽할까? 떠나기 전 국내에서의 주변 정리와 함께 현지에서 살아갈 준비를 동시에 하는 것이 효율적인 방법이다. 특히, 해외에서의 주거 문제는 학생들의 큰 고민거리 중 하나다. 기숙사 신청이 가능한 경우는 조금 수월하게 주거 문제를 해결할 수 있지만, 그럴 여건이 아닐 경우에는 사전에 현지 주거 옵션을 찾아보고 계약을 진행하는 것이 좋다. 주택 계약 시에는 계약서의 조건을 꼼꼼히 검토해야 하며, 주거지의 위치와 생활 편의성 등을 따져 신중하게 선택해야 한다. 현지 물가를 고려한 생활비를 미리 계산하고, 현지 통화 계좌 개설이나 신용카드 사용계획도 미리미리 준비해두는 것이 좋다. 해외 의료보험 역시 미리 준비해야 할 필수사항 중 하나다. 대부분 학교에서 학생 보험 프로그램을 제공하기에, 그 내용을 확인하고 등록하는 것이 좋다. 그럼에도 현지 의료 체계에 대한 이해 부족과 학교 보험 프로그램으로는 보장되지 않는 예상치 못한 의료비도 발생할 수 있다. 따라서 국내 보험사의 유학생 보험 상품 등을 살펴보는 것도 좋다. 나의 경우는 국내 한 보험사에서 제공하는 1년짜리 유학생 보험을 가입하고 출국하였다. 다행히 보험을 적용해야 될 만큼의 큰 이슈는 없었지만, 혹시 모를 상황에 대비해 두는 것은 중요하다.

지금껏 경험해보지 못한 타지에서의 생활에서 조금이라도 도움을 얻기 위해선 현지 네트워킹을 확보하는 것도 중요한 부분이다. 같은 학교의 한국인 커뮤니티 또는 국제 학생 커뮤니티를 미리 알아보자. 내가 도움을 받을 만한 커뮤니티가 있다면, 유학을 떠나기 전 어느 정도 온라인으로 소통을 해두는 것도 좋다. 어느 정도 미리 관계를 맺어두고, 정보를 공유받아두면 이후의 현지 적응에 큰 도움이 될 것이다.

실전을 위한
체크리스트

항목	팁
학생 비자 준비	비자 신청 서류 준비 (입학허가서, 재정 증명서, 여권 등)
재정 증명	학비와 생활비를 충당할 수 있는 재정 능력 증명
주거 문제해결	기숙사 신청 또는 현지 주거 옵션 조사 및 계약
생활비 및 금융 준비	생활비 계산, 현지 통화 계좌 개설, 신용카드 준비
의료보험 준비	학교에서 제공하는 학생 보험 및 국내 보험사의 유학생 보험 등
네트워킹	현지 한국인 커뮤니티 및 국제 학생 네트워크 사전 조사

추가로 미리 (특히 영국이라면) 준비하면 좋을 것들

건강검진과 비자 발급, 비행기 티켓 등 유학 준비가 막바지에 접어들었다면, 마지막 관문인 이사와 관련해서도 사전 준비를 철저히 하는 게 좋다. 나와 같은 유학 초심자에겐 해외 배송이 매우 낯선 개념이었고, 어떤 짐들을 어느 정도 가져갈지 정하는 것도 쉽지 않았다. 그래서 영국을 기준으로 했지만, 전반적인 이사와 관련된 사항도 짚고 넘어가고자 한다.

우선 해외 배송의 경우 우체국을 포함한 여러 해외 배송 업체의 견적은 상이하다. 부피/무게당 과금 방식에도 차이가 있다. 그래서 무엇을 배송하고 무엇을 직접 챙겨갈지 결정하는 것에 따라 비용 차이가 크다.(나의 경우 평균적으로 큰 박스 한 개에 50만 원 정도가 들었다.) 물론 학비에 비하면 큰돈은 아닐 수 있으나, 이후 살인적인 유럽 물가에 끝없이 놀라게 될 무급자의 처지라면 계통 없이 배송을 선택한 것을 후회하게 될 것이다.

우선 웬만한 가전기기는 현지에서 사는 것이 좋다. 변압기를 사용해서 전압 문제를 해결할 수도 있으나 경험상 기존 성능보다 떨어지는 느낌이었고, 콘센트를 가리거나 컨버터 무게로 인해 전원 코드가 잘 떨어졌다. 짐도 줄일 겸, 헤어드라이어, 고데기, 충전기 등은 현지에서 사는 것이 낫다. 그리고 비교적 부피가 큰 전자레인지나 밥솥 등도 충분히 현지에서 저렴한 가격에 마트나 아마존 같은 온라인 플랫폼을 통해 살 수 있다. 단기간만 사용한다는 생각이라면, 가성비 좋은 전자제품도 사용하는 데는 크게 문제가 없었다.

둘째로, 침구류와 식기류 역시 현지에서 살 것을 권한다. 부피가 너무 크면 배송비가 물건값보다 더 들기 때문이다. 따라서 내가 이사 갈 집 주소지를 최대한 미리 파악해서 침구류도 온라인으로 미리 사서 배송해두면, 비용도 절약되고 입국한 당일부터 사용할 수 있다. 식기류 역시 파손의 위험을 무릅쓰느니, 현지 마트에서 사는 것이 좋다. 특히 수저나 한식 접시의 경우, 각 지역에 웬만하면 하나씩 있는 아시안 마트에서 충분히 살 수 있다. 그리고 아마존과 같이 쇼핑 플랫폼에 미리 계정을 개설해서 결제 방식도 설정해두면 현지 도착 후 보다 빠르고 편하게 필요 물품들을 살 수 있다.

해외 배송 택배 사진

해외 MBA는
또 하나의 인생 여행이다

　나와 같이 직장을 그만두고 유학을 떠나왔다면, 그만큼 큰 용기를 낸 것이다. 그런 만큼 해외 MBA가 인생의 소중한 여정이 되기 위해, 다양한 여행 기회를 놓치지 않았으면 한다. 한국과 같이 '빡센' 근로 환경에서 직장인이 편한 마음으로, 아시아권이 아닌 유럽으로 긴 시간 여행을 다니기란 매우 쉽지 않기 때문이다. 실제로 주변에는 결혼 휴가나 휴직 기간을 제외하고는 시간을 내어 유럽여행을 떠나기 힘든 분들이 많다. 그분들 대부분은 은퇴 이후를 고려하고 있지만, 아침에 일어나면 다리에 힘이 차오르고 모든 것을 새롭게 겪는 젊은 시절의 여행에 비견할 수 없다. 그렇기에 해외 MBA는 낯선 타국으로 떠날 수 있는 절호의 기회이기도 하다. 어차피 인생에서 1~2년을 자신에게 온전히 투자하기로 했다면, 이 시절을 학교와 숙소, 도서관에서만 보내지 않기를 권한다.

　나의 경우 서유럽이나 북유럽 국가 위주로 짧은 여행을 즐겼다. 내가 있던 영국을 비롯해 인접한 프랑스, 네덜란드, 벨기에, 노르웨이, 아이슬란드 등 선택지가 많은 만큼 어디를 선택해도 행복한 여행지들이었다. 유럽 여행과 관련해서는 워낙 다양한 정보와 노하우들이 공유되는 만큼, 유학길에 나서기 전에 어느 정도는 기본적인 해외여행에 관한 정보를 미리 챙겨두는 것을 추천한다.

첫째로, 학교가 위치한 국가와 지역을 고려하여 계획을 효율적으로 수립하는 것이 좋다. 영국을 예로 들면 서유럽 저마다의 매력적인 도시가 즐비하다. 여행지를 검색하다 보면, 짧은 기간 내에 최대한 많은 곳을 둘러보고 싶은 욕심이 들 것이다. 여행자마다 취향이 다르겠지만, 나의 경험으로는 한 도시를 천천히 그리고 온전히 즐길 수 있는 일정이 좋았다. 시간과 비용은 제한적이고 체력 또한 마찬가지다. '이번이 처음이자 마지막 여행'이라는 조바심은 버리라고 조언하고 싶다. '언제든지 다시 여행 올 수 있는 곳'이라는 여유를 갖고 내가 정말로 원하는 여행의 스타일, 가고 싶은 곳의 우선순위를 차분히 정하는 것이 좋다. 내가 도심 여행을 선호하는지, 아니면 자연의 여유로움을 느끼는 여행을 원하는지, 미술과 역사를 체험하고 싶은지 등을 고려해 여행 국가를 선정하는 작업이 필요하다.

나에겐 이탈리아 로마를 여행하며 유적지를 보는 것보다 포지타노(Positano)나 아말피(Amalfi) 해변처럼 이탈리아 남부의 이국적인 자연을 여유롭게 즐기는 것이 더 행복했다. 물론 콜로세움이나 판테온 앞에서 설명을 듣는 것도 좋았지만, 나에게 더 큰 여운을 남긴 것은 아말피 해변의 아름다운 풍경이었다. 눈부시게 아름다운 색감을 가진 바다와 이를 둘러싼 산턱의 아기자기한 주택들이 주는 풍광에 압도된 채 화이트와인 한 잔을 두고 오랜 시간 앉아 있던 그 시간이 내 여행의 하이라이트였다. 많은 사람들이 로마 일정을 중심으로 여행 코스를 짜지만, 나는 이탈리아 남부에서 더 많은 시간을 보냈고 이후에 꼭 다시 들를 장소로 메모를 해두었다. 또한 나에겐 포르투갈의 수도 리스본(Lisbon)의 이국적 풍경도 좋았지만, 내가 좋아하는 와인의 도시 포르투(Porto)가 더 인상 깊었다. 이곳에서 나는 꽤 오랜 시간을 여유롭게 보내며 곳곳의 와이너리를 방문해 와인 테이스팅을 했다.

자신이 좋아하는 분야나 취향에 맞는 여행 스타일에 집중하면, 보다 만족도 높은 여행을 해나갈 수 있을 것이다.

둘째로, MBA의 경우 1년 스케줄이 보통 미리 정해져 있고, 여행을 떠난다면 대체로 시험 이후의 자투리 일정이나 방학을 활용하게 될 것이다. 이 스케줄을 참고해서 여행 계획을 미리 짜두는 것이 좋다. 내가 어느 시점에 얼마나 여행할 수 있을지 미리 파악해 두는 것이 여러모로 유리하기 때문이다. 무엇보다 미리 계획한 여행의 장점은 불필요한 비용들을 절약할 수 있다. 물론 여행지와 여행 성격에 따라 조금씩 차이는 있겠지만, 교통과 숙박 등은 미리 예매하면 보통은 더 저렴하다. 여러 곳의 관광 명소나 유적지들을 방문할 수 있도록 한 '패스권' 역시 미리 준비해두면 여행 경비를 조금이라도 아낄 수 있다. 이렇듯 학과 일정을 미리 고려한 여행 계획은 보다 비용 효율적인 여행을 가능하게 해준다.

끝으로, 많은 독자분들이 잘 알고 있겠지만 한국과 같은 치안을 자랑하는 유럽 국가는 없다고 보는 것이 맞다. 꼭 여행이 아니더라도 유학을 위해 출국하는 순간부터 한국에서 가졌던 안전과 관련된 생활 습관은 경각심을 가지고 고쳐 나가야 한다. 그리고 도시마다 위험한 지역으로 알려진 곳의 방문은 최대한 자제하고, 불가피하게 꼭 가보고자 하는 곳이라면 사전 정보를 잘 취합하여 안전사고를 예방해야 한다. 휴대폰을 잃어버린다든지 가방을 분실한다든지 할 경우 단순히 여행만 망치는 것이 아니라, 정신없는 유학 기간의 큰 스트레스로 다가온다. 특히 핸드폰의 경우 잃어버리게 되면 추후 학기 과정 중에 학교 사이트 접속과 같은 학습에 필요한 부분들까지 문제가 생길 수 있다. 따라서 신변의 안전은 물론 여행 기간 동안 철저히 치안에 대비해야 한다. 프랑스의 경우 집시 등의 소매치기와 관광객들을 대상으로 한 사기 행각 등이 너무나 유명하고, 스페인도 잠시 한눈파는 사이에 물건이 없어진다. 주요 관광지나 사람이 붐비는 곳이라면 소매치기와 좀도둑이 일상화된 나라들이 많다.

유학 과정에서의 여행은 자신을 위한 또 하나의 선물이라고 생각한다. 인생에서 큰 용기를 내서 떠난 유학길인 만큼 소중한 시간들을 잘 계획해서 더욱더 풍족한 경험들을 쌓기를 바란다.

시험 기간 이후 짬을 내어 떠난 노르웨이 여행 사진

3부

실전편

: 자리잡기, 학습하기, 교류하기

5장

두려움 반,
설렘 반

|

옥스퍼드로 가는 길

옥스퍼드 애쉬몰리언 박물관에서의 입학 행사

옥스퍼드엔
비가 내린다

옥스퍼드 합격에 운을 다 쓴 것일까.

퇴사 이후 내가 어디를 가든 너무나도 (부당하게도!) 높은 확률로 항상 지연과 연착이 기다리고 있었다. 현지에서 생존하기 위한 물품을 잔뜩 챙겨 도착한 인천국제공항에선 3시간이나 연착된 런던행 비행기를 확인했다. 꼬박 14시간 30분을 날아 히드로 공항에 도착했을 때는 이미 밤 10시였다. "여기가 바로 영국"이라고 알리는 궂은비를 맞으며 옥스퍼드로 가는 버스 정류소를 물어물어 찾아갔다. 버스 정류소에서도 짐을 어떻게 맡겨야 하는지, 내 생존 가방이 혹여 분실되지는 않을지 걱정이 몰려왔다. 옛날에 시골 사람이 난생처음 서울역에 내린 심정이 이랬을까.

우여곡절 끝에 자정이 다 되어 온라인으로 계약한 작은 스튜디오 타입(원룸 형태)의 방에 도착할 수 있었다. 지칠 대로 지친 몸을 맞이한 것은 분명 룸 클리닝이 끝났다던 방의 창틀을 가득 메운 거미줄과 벽지의 곰팡이, 언제 마지막으로 세척했는지 가늠도 안 되는 매트리스와 그 표면의 얼룩들이었다. 영국에서 첫날밤을 반겨준 이것들은 (다른 의미로) 삽시간에 피곤마저 달아나게 해주었다. 새벽 3시까지 청소를 하고 매트리스에 새 커버를 씌우고 나서야 누울 수 있었다. 시작이 참으로 버라이어티하다는 생각밖엔 들지 않았다. 마침 한국에서 챙겨온 베개나 이불도 없었다. 유학 경험이 없던 나는 짐을 어떻게 분류해서 보내야 하는지 잘 몰랐다. 해외로 보내는 택배 비용이 큰 박스 기준 40~60만 원이 들었기에, 최대한 부피가 작은 것들만 추려서 보낼 수밖에 없었다. '현지에 도착해서 사면 되지, 뭐….' 이런 한국에서의 낭만적 낙관주의는 영국에서 첫날밤, 옷을 잔뜩 껴입은 채 쪽잠을 자고 일어난 아침에는 허무주의로 바뀌어 있었다. 몇 시간이나 잤을까. 때 묻은 커튼 사이 창밖이 밝아왔다. 처리해야 할 것도 당장 사야 할 것들도 많았기에 아침 일찍 집을 나섰다. 옥스퍼드의 아침 공기를 마시며 걷다가 이내 깨달았다. 대부분 유럽 국가들이 그렇듯 옥스퍼드 역시 아침 일찍 문을 연 가게는 찾아보기 어렵다는 사실 말이다. 그렇게 문 닫힌 상점 몇 개를 눈에 익혀둔 채 어렵게 문 연 카페를 찾아 커피를 주문하고 앉았다.

이제야 실감한다. 내가 옥스퍼드에 유학을 왔다는 사실을. 평소 아이스 아메리카노만 먹던 내가 뜨거운 커피를 마시고 있었다. 이곳에선 아이스 아메리카노 자체를 팔지 않는 곳이 많았기 때문이다. 커피 한 잔을 다 마시고 나서 생존을 위한 쇼핑을 나섰다. M&S라는 마트에 들어서니 한국과는 사뭇 다른 느낌과 낯선 가격으로 생필품들이 진열되어 있었다. 1파운드당 1,700원이라는 계산하기도 어려운 높은 환율과 낯선 상품설명들 때문에 평소 나의 쇼핑시간보다 족히 두세 시간은 더 걸린 듯했다. 같은 디자인의 비슷한 이불을 보며 대체 이 이불이 얼마나 두꺼운지 감이 오지 않아 점원과 한참 동안 심각한 토론도 했으니 말이다. 이불, 베개, 식기류, 충전기는 물론 230V 헤어드라이어를 사고 나자 양손으로 들기 버거운 짐들이 쌓였다. 양팔을 벌려 짐을 안고 땀을 뻘뻘 흘리며 작고 낡은 숙소로 돌아왔다. 그리고 어젯밤 끝내지 못한 곰팡이 제거와 청소, 생필품 정리를 해야 했다.

아마도 인터넷으로 주문하면 다음 날 새벽 문 앞에 놓인 물품을 받는 데 익숙한 한국 사람이라면 이런 '유럽의 시간'이 당혹스러울 수도 있다. 심지어 가끔은 청소 앱을 통해 룸 클리닝 서비스를 받으며 살아왔던 내게 영국에서의 첫날밤은 앞으로의 고난을 현실감 있게 예고하고 있었다.

가지 않은 길

　3-3-3 전략으로 지원한 대학 몇 곳에서 인터뷰 요청을 받을 수 있었다. 맨체스터 대학(University of Manchester)의 MBA와는 인터뷰 결과가 좋았는지 8천만 원의 학비 중 4천만 원의 장학금을 약속받기도 했다. 비슷한 시기에 임페리얼 대학(Imperial College London) MBA에서도 합격 통지를 받았기에 나는 망설임 없이 런던에 위치한 임페리얼 대학을 선택했다. 당시만 해도 옥스퍼드 대학은 큰 기대 없이 질러보는 선택지였지만, 임페리얼은 나의 현실적인 목표 중 가장 희망했던 대학이었기 때문이다. 임페리얼을 선호했던 데 가장 큰 이유는 무엇보다도 위치였다. 런던 중심지에 위치했기에 맨체스터 지역이나 옥스퍼드 지역보다는 더 'MBA스러운⑫' 삶이 가능할 것으로 생각했다. 영국 하면 떠오르는 멋진 런던의 분위기 속에서 MBA 동기들과 근사한 펍에서 맥주를 마시는 상상만으로도 나의 과감한 투자가 아깝게 느껴지지 않았다.

　나는 임페리얼에서 오퍼를 받자마자 학교에서 요구한 10%가량의 보증금(deposit)을 송금했다. 그런데 놀랍게도 몇 달이 지나 옥스퍼드로부터 최종 합격 소식을 받았다. 기뻤지만 난감한 상황이랄까. 천만 원이라는 적지 않은 금액을 날리면서까지 옥스퍼드에 가야 할까… 두 학교의 장단점 역시 명확했다. 임페리얼은 위치의 장점 외에도, 런던의 다양한 기업들과 긴밀하게 교류할 기회가 많을 것으로 예상했다. 임페리얼 MBA의 여러 행사들을 찾아보니, 런던에서 열리는 많은 네트워킹 행사에 더욱 쉽게 참석할 수 있을 것으로 보였기 때문이다. 또한 옥스퍼드의 3분의 1 정도 되는 학생 수도 마음에 들었다. 330명 가까운 인원으로 구성된 옥스퍼드에 비해 더 돈독하고 강한 네트워킹을 형성할 수 있는 적은 정원이 마음에 들었다.

　하지만 옥스퍼드는 이 모든 것을 압도하는 딱 한 가지 강점이 있다. '네임밸류'다. 임페리얼 대학은 적어도 한국에서만큼은, 임페리얼을 대하는 영국 사회 분위기와 대조적으로 일반적으로 잘 알려지지 않았다. 그런 대학이 있는지도 잘 모르는 경우가 많았다(나의 주변인들을 대상으로 물어봤을 때). 당시 MBA 순위에서도 옥스퍼드와 임페리얼은 거의 비슷한 수준이었는데도 말이다. 그러나 한국에서 '옥스퍼드'라는 이름이 주는 아우라는 주변의 반응만 보아도 쉽게 확인할 수 있었다. 그리고 옥스퍼드에는 세계적인 석학들이 포진했기에, 한 번쯤은 이들과 교류하는 경험 또한 기대할 수 있었다. 기왕 나의 경험을 위해 과감히 투자하기로 한 만큼, 천만 원이라는 보증금을 버리더라도 옥스퍼드에 가겠다고 결정했다.

임페리얼 칼리지 비즈니스 스쿨 사진

옥스퍼드와
사이드 비즈니스 스쿨

영국 여행상품을 검색하면 옥스퍼드가 빠지지 않는다. 아마도 한국인에게 옥스퍼드는 런던, 캠브리지와 같이 고풍스러운 영국적인 분위기를 상징하는 곳으로 다가올 것이다. 청주대학교가 청주에 있는 것처럼 옥스퍼드 대학은 옥스퍼드에 있다. 런던에서 북서쪽으로 96㎞ 떨어져 있으니 대략 서울에서 천안까지의 거리쯤 될까. 옥스퍼드 대학은 11세기(1096년)에 설립된, 영어권에선 가장 오래된 대학이다. 고려 묘청의 난(1135년) 이전인데, 12세기 중반부터 대학 기관과 유사한 모습을 갖추었다고 전해진다. 2024년 기준 타임지 선정 세계 1위 대학이니 세월만큼이나 이름값을 하는 대학이다. 39개 칼리지(college, 자치 단과대학)로 구성되어 있는데, 옥스퍼드와 캠브리지는 그 뿌리가 같다. 13세기 여러 분쟁을 겪으며 옥스퍼드 학자들 중 일부가 캠브리지로 이탈했다. 그리고 캠브리지 역시 31개의 칼리지로 구성되어 지금의 모습을 갖추었다. 이 둘을 일컬어 옥스브리지(Oxbridge)라고 칭하기도 하며, 두 대학 출신이 갈 수 있는 런던의 프라이빗 클럽인 옥스브리지 클럽(Oxbridge Club)도 있다. 나 역시 옥스퍼드 MBA 졸업생의 초대로 옥스브리지 클럽에서 식사를 하거나 숙박하기도 하였는데, 그곳에선 옥스브리지가 배출한 세계적 명사들의 흔적들도 볼 수 있다.

옥스브리지 클럽 식당 모습

　사실 옥스퍼드는 아주 작은 소도시이다. 런던에서 기차로 한 시간 정도 떨어져 있으니 아침에 런던에서 출발한 관광객이 그날 하루 정도를 투자하면 웬만큼 유명한 장소를 다 둘러볼 수 있다. 작지만 도시 전체에 꽉 들어찬 고풍스러운 이미지와 역사로 인해 이곳을 들른 사람들은 잊을 수 없는 기억들을 가져가곤 한다. 영국이 대체로 그렇지만, 특히 옥스퍼드 대학이 자신의 문화와 전통을 고수하려는 의지는 인상적이었다. 아직도 1100년대의 건물을 재건축하여 고쳐 쓰고 있으며, 수많은 첨단 기술을 논하면서도 그 문화와 전통을 이어가고 있다. 'Examination School'로 불리는 유서 깊은 시험관에서 노트북 앞에 앉아 시험을 치르면서도 서브퍼스크('Subfusc')라는 학교의 전통 의상만큼은 반드시 입어야 하는 고집스러움 말이다. 옥스퍼드의 독특한 시험과 관련된 문화 중 하나를 소개하자면, 학생들은 시험 기간 동안 특정한 색상의 꽃을 다는 독특한 전통이 있다. 첫 시험에는 하얀색 카네이션, 이후 중간시험에는 분홍색, 마지막 시험에는 빨간색 카네이션을 달고 응시한다. 그래서 시험 기간이 되면 거리에서 서브퍼스크를 입은 채 흰색, 분홍색, 빨간색 꽃을 단 학생들이 걸어다니는 모습을 쉽게 볼 수 있다.

옥스퍼드가 최초의 비즈니스 스쿨 건립을 논의할 때 찬반 논쟁이 격렬하였다고 한다. 우선 경영학과 같은 기존의 학문적 전통과 실용적인 비즈니스 교육이 조화될 수 있는지에 대한 논쟁이었다. 학문적 가치를 중요하게 앞세우는 옥스퍼드 대학인만큼 비교적 실용적 성격이 강한 비즈니스 스쿨 도입이 대학의 정체성에 부합하는지에 대해 대립이 컸던 것이다(이는 옥스퍼드에 다니던 시절, 교수님을 통해 생생히 들을 수 있었다). 그리고 건립 기금의 출처 문제가 있었다. 옥스퍼드 사이드 비즈니스 스쿨(Oxford Saïd Business School)은 시리아 출신 사업가 '와픽 사이드'(Wafic Saïd)의 기금으로 건립되었는데, 문제는 과거에 그가 대규모 무기 계약 등과 연관되어 있다는 것이다. 사이드 비즈니스 스쿨은 옥스퍼드의 전통 스타일이 아닌, (1996년 설립 당시로서는) 최신식 건물로 지어졌다. 우여곡절 끝에 탄생한 사이드 비즈니스 스쿨은 2024년 현재 QS 랭킹 세계 MBA 18위에 등극했다.

Wafic Saïd 흉상

　사이드 비즈니스 스쿨의 강점 중 하나는 커리큘럼이 다양하다는 점이다. MBA뿐만이 아니라 학부 과정, MFE(Master Degree of Financial Economics)와 같은 금융공학 석사 과정, EMBA(Executive MBA)와 같은 임원 코스 MBA 등이 설치되었다. 또한 정규 학과 수업 외에도 EP(Entrepreneurship Project)나 GOTO(Global Opportunities and Threats) 프로그램과 같이 현실 비즈니스 문제를 조별과제를 통해 해결하고 이를 실제 기업에 발표하는 기회 또한 주어진다.

　사이드 비즈니스 스쿨에 시간이나 돈이 충분히 남아서 오는 이들은 거의 없을 것이다. 다양한 국적과 배경의 동기들은 저마다의 사연을 안고 있었고, 성공을 위해 현실적 제약을 뚫고 '결행'한 친구들이었다. 그들과 나의 공통점이라면 바로 이것이다. 옥스퍼드에서의 학업과 시간을 귀하게 생각하는 이들과 함께 시간을 보내면서 옥스퍼드에 대한 애정과 학교에 대한 추억도 자연히 쌓여 갔다.

옥스퍼드 사이드 비즈니스 스쿨 전경

옥스퍼드 맞춤형 준비
① 주거편

　본격적으로 내가 경험했던 MBA 여정을 말하기에 앞서 그보다 더 중요한 문제를 이야기하고 넘어가고자 한다. 바로 의식주 문제인데, 나에겐 주·식·의(住食衣) 순으로 중요했다. 유럽 MBA는 학위 과정이 1년인 만큼 고도의 집중력으로 학교생활에만 전념할 수 있어야 한다. 자고 먹고 입는 것에 에너지를 낭비할 여력이 없다. 나름대로 비교적 여행을 많이 했었지만 홀로 1년이 넘는 기간 동안 외국에서 살림을 차려 살아본 경험은 없었다. 이런 무경험자의 나른한 인식이 이후 얼마나 큰 고통을 안길지 그때는 알지 못했다. 적어도 당시에 내게 학업 스트레스는 자고 먹고 입는 스트레스에 비하면 아무것도 아니었다. 불편한 공간에서의 불면의 밤이 인간의 정신세계에 미치는 영향은 이미 옥스퍼드의 첫날밤이 깨우쳐주었다. 옥스퍼드의 많은 친구들은 기숙사를 구하지 않고 플랫메이트(Flat Mate, 한 집을 공유하는 사이)를 구해 비싼 렌트비를 분담하며 공동생활을 하기도 하였다. 동거인과 성격이나 생활 방식이 너무 안 맞아 스트레스를 겪거나, 어렵게 구한 숙소가 클럽과 너무 가까워 밤새 소음에 시달린 나머지 2주도 채우지 못하고 다른 곳을 구하는 친구들도 있었다. 그런데 나는 룸메이트 문제나 소음 따위의 고차원적(!) 고민과는 거리가 멀었다. 왜냐하면 당장 잘 곳이 없었기 때문이다.

옥스퍼드만의 특성일 수는 있겠으나, 옥스퍼드와 같이 학생들이 주를 이루는 작은 대학 도시는 집은 한정되어 있으나 학생들은 매년 밀려들기 마련이다. 옛날에 서울 신촌의 하숙집과 자취방 부족 문제가 뉴스에서 이슈가된 적이 있었는데, 지하철이 있는 서울 신촌과 작은 성곽 도시와 같은 옥스퍼드를 비교할 순 없다. 나는 이 점을 놓쳤고, 한국과 비슷하게 두세 달 전에 계약하면 되지 않을까 생각하며 여유를 부렸다. 출국을 석 달 앞두고 그야말로 여유로운 자태로 '이제 슬슬 집을 구해봐야지.' 했다. 우선 내 유학준비를 도와주었던 유학원 담당자에게 자문을 구했다. 그분은 친절하게 현지에서 집을 구할 수 있는 몇몇 온라인 부동산 플랫폼을 안내해 주었고, 특히 학생들이 주로 이용하는 사이트도 알려주었다. 그러나 놀랍게도 (돌아보면 너무나 당연하게도!) 옥스퍼드의 사설 기숙사 네 개를 통틀어 한 곳을 제외하곤 방이 전혀 없었다. 그나마 방이 있는 기숙사는 내가 다닐 비즈니스 스쿨과는 너무나도 거리가 멀었다. '아니, 입학까지 석 달도 더 남은 시점에 이미 모든 방이 매진된다고?' 충격을 안은 채, 에어비앤비(Airbnb)부터 룸 쉐어링(Room Sharing) 플랫폼까지 샅샅이 뒤졌으나 허사였다. 나는 다급히 사설 기숙사들에 열심히 메일을 보내기 시작했다. 어떤 방이든 좋으니 사설 기숙사에 방이 나면 연락을 달라는 메일을 남겨두고 나에게 배정된 세인트캐서린(St.Catherine) 칼리지 기숙사를 다시 한번 열심히 뒤적이기 시작했다.

여기서 잠시 칼리지에 대해 언급하고 넘어가고자 한다. 옥스퍼드의 모든학생은 칼리지에 배속된다. 전공과 무관하게 칼리지 신청을 했든, 하지 않았든 간에 어쨌든 칼리지에 배정된다. 영화 〈해리포터와 마법사의 돌〉을보았다면 신입생들이 마법 학교인 '호그와트'에 입학해서 기숙사를 배정받는 장면을 기억할 것이다. 마법의 모자가 신입생의 머리에 앉아 배정될 기숙사를 호명하면 해당 기숙사의 선배들이 환호한다. 이와 비슷하게 옥스퍼드의 모든 학생은 각자 칼리지를 부여받고, 전공만큼이나 중요한 소속감을 부여한다. 그래서 각 칼리지마다 특색 있는 전통들이 있고, 그 운영 방식에도 차이가 있다. 나는 세인트캐서린(St.Catherine)이라는 칼리지에 배정받았다. 나는 옥스퍼드의 칼리지 체계에 대해 무지했기에 합격통보를 받은 이후에 칼리지 신청을 전혀 신경 쓰지 않았다. 그 결과 랜덤 방식으로 배정받은 것이다.

다시 주거 문제로 돌아와서, 나의 칼리지에서 나에게 살 수 있도록 선택권을 준 칼리지 기숙사는 내가 수업을 주로 듣는 사이드 비즈니스 스쿨로 가기에는 교통편이 마땅치 않았다. 도보로 30~35분 정도 되는 거리였고, 또한 공용주방(shared kitchen)을 써야 된다는 점도 마음에 들지 않았다. 더구나 조금 더 저렴한 옵션의 경우 화장실까지 공용으로 써야 했기에 남자치곤 깔끔떠는 편인 내게 좋은 선택은 아니었다. 비용이 들더라도 혼자 온전히 쓸 수 있는 주방과 화장실이 있는, 한국형 원룸 같은 공간이 절실했다. 최소 13년간 서울에서 자취하며 너무나 익숙했던 그 한국식 원룸이 옥스퍼드에선 돈을 줘도 구하기가 힘든 매물이라는 걸 나는 너무나도 늦게 깨달았다. 그렇게 애태우기를 며칠, 한 곳의 사설 기숙사에서 취소자가 발생했다는 연락이 왔다. 묻지도 따지지도 않고 나는 그 방을 예약하였고, 예약금부터 급히 송금하려 했다.

여기서 두 번째 문제가 발생한다. 나는 해외송금을 해본 적이 없다. 해외결제가 가능한 카드를 쓴 경험이 전부였다. '세상일 무엇 하나 쉬운 게 없구나!' 하는 생각이 매일 들었던 나날이었다. Sort Code, IBAN 등 금융 계열사에 재직했다는 사람치고는 부끄럽게도 나는 많은 부분에서 무지했다. 친절한 은행원의 도움을 통해 나는 최초의 해외송금을 반차를 희생해서 해냈다. 그렇게 얻은 기숙사 방은 아주 작은 주방이 침대 바로 옆에 붙어 있고, 비교적 덩치 큰 내가 들어가려면 몸을 틀어야만 하는 작은 샤워실이 있었다. 5평 남짓한 원룸의 비용이 월세로 따지면 250만 원이었으니, 아마 한국이라면 가장 좁고 비싼 방으로 불렸을 것이다(참고로 영국의 경우 렌트비는 주(week)당 비용으로 받는 경우가 많다). 말도 안 되는 금액에, 정말 말도 안 되는 퀄리티의 공간을 비로소 얻은 것이다. 이렇게 해서 최소한 잠은 잘 수 있는, 그리고 땀 흘려가며 청소하긴 했지만 홀로 편히 씻을 수 있는 화장실 딸린 방을 마련할 수 있었다. 만약 당신이 옥스퍼드와 유사한 도시로 가게 되었다면, 합격통보를 받은 직후 빛과 같은 속도로 숙소부터 구할 것을 권한다.

당시 살았던 방 모습

옥스퍼드 맞춤형 준비
② 음식편

　남의 나라에 대한 편견은 늘 있었다지만, "영국 음식 맛없다."라는 건 여전히 변하지 않는 진리가 아닐까 싶다. 영국에서 자취를 1년 이상 했던 나로선 '맛없다'라는 표현보다는 맛에 대한 정의가 다르다고 표현하고 싶다. 다시 말해 요리와 맛의 개념이 아시아와는 다르지 않나 싶다. 한 국가의 유려한 식문화를 폄훼하고 싶은 생각은 없으나, 영국 음식은 한국인이 보기에 매우 단조롭다. 만약 소셜미디어 등을 통해 프리미어리그 경기장에서 우리 돈으로 1만 5천 원이 넘는 돈을 주고 한 조각의 소시지와 감자튀김을 아무 불만 없이 먹고 있는 영국인을 보았다면 금방 감이 올 것이다. 요리에 대한 개념 또는 기대치가 우리와는 다른 것이다. 이들에게 '굽는다'라는 하나의 행위만으로 탄생한 음식이 있다면 그것은 명백히 '요리'다. 우리에게 소고기라 함은 찔 수도, 조릴 수도, 끓일 수도, 구울 수도, 생(육회)으로 먹을 수도 있는 식재료이지만, 이들의 조리법은 대체로 매우 단조롭다. 그나마 감자를 으깰지 튀길지 또는 야채를 곁들일지 콩을 곁들일지 정도가 이들의 선택지 아닐까. 학교 식당에서 나오는 수많은 음식 역시 매번 닭고기, 돼지고기, 소고기 할 것 없이 '일단 굽고' 그 밑에 감자튀김을 놓는 것이 전부였다.

옥스퍼드 생활 초기에 나는 입맛을 영국식으로 길들이기 위해 무진장 노력했다. 한 달 동안 영국의 먹을 것에 적응하기 위한 악전고투를 하고 나서야 내가 어쩔 수 없는 토속적 입맛의 33살 한국 아저씨라는 것을 인정하였고, 이후 영국 음식에 내 혀의 미뢰를 길들이는 헛수고 따위는 포기했다. 한국에서 떠날 때 챙겨왔던 생존키트와 수소문으로 알게 된 한식 전문 온라인 플랫폼(H-Mart)으로 한식 상품을 쇼핑하는 것이 일상이 되었다. 내가 좋아하는 소주는 6파운드로 약 만 원이었고, 김치는 한 통에 최소 3~4만 원이 필요했다. 음식과 그 비용에 대한 스트레스는 생각보다 컸다. 나만 그런 것이 아니라는 사실에 약간의 위로(?)를 받았다. 왜냐하면 유학 경험이 많은 한국 친구들도 매번 한식 재료들을 어렵게 조달받아 한식을 요리하는 것에 많은 에너지를 쏟고 있었기 때문이다.

그리고 옥스퍼드에는 한식당이 없었다. 한국 마트는 있었지만, 한식당이 없었기에 그나마 태국이나 중국 음식들을 대체재로 먹을 수밖에 없었다. 물론 옥스퍼드에 정착한 다음해에 (후에는 아주 두터운 인연이 된) 유명한 한식당 체인점인 '요리(YORI)'가 오픈하긴 하였다. 그리고 이곳의 오픈이 한국인들은 물론 많은 현지인들에게도 큰 반향을 일으켰다는 것만 보아도 한국 음식의 중요성(?)을 다시금 느낄 수 있었다. 그나마 편하게 구할 수 있었던 라면이 점차 주식이 되었고, 저녁에는 장바구니 물가만큼은 나쁘지 않았던 영국 식재료를 사와 고추장이나 된장을 넣고 한식으로 만들어 먹었다. 대부분의 영국 혹은 유럽 마트에서는 채소가 한국에 비해 저렴하다. (맛과 상관없이) 과일 역시 저렴했다. 또한 가장 중요한 고기류도 다양한 부위를 꽤 합리적인 가격으로 판다. 닭이나 소, 돼지, 특히 양고기 등이 부위별, 손질법별로 다양하게 구비되어 있기 때문에 여러 번의 시행착오 끝에는 한식 스타일로 요리하기 좋은 각 고기의 부위를 선별할 수 있었다.

학교를 마치고 사회적인 에너지가 고갈되어 오늘만큼은 혼자 있고 싶을 때면, 테스코(TESCO)나 M&S 같은 마트에 들러 그날의 유럽식 한식(?) 레시피에 맞는 식재료를 골랐다. 그리고 가볍게 곁들일 와인이나 맥주도 빼놓지 않으며 혼자만의 '소화행'(소소하지만 확실한 행복)을 즐겼다. 어느 날은 닭볶음탕을, 어느 날은 갈비찜까지 시도하게 되었다(물론 한국에 돌아와서 다시 하고 싶은 생각이 들진 않지만, 당시에는 나의 지친 심신을 달래줄 수 있는 소중한 레시피들이었다). 만일 당신도 나와 같은 한식파라면 활용할 수 있는 다양한 한식 조미료를 챙겨 갈 것을 추천한다.

사이드 비즈니스 스쿨 학식(학생식당) 사진

옥스퍼드 맞춤형 준비
③ 의복편

끝으로 입는 문제다. 사실 여기서 입는 문제는 학부나 대학원을 다니는 유학생보다 MBA 유학생이기에 더 신경 쓰이는 문제다(내가 느낀 바로는 유럽의 학생들은 보통 옷에 크게 신경 쓰지 않는다). 왜냐하면 특히 1학기 초에는 네트워킹 행사와 파티가 매일같이 이어졌기 때문이다. 관련 정보를 알았기에 나름 많은 셔츠와 재킷, 정장을 챙겼지만, 시간이 지나면서 자주 같은 옷을 입고 사진에 찍히는 것이 신경 쓰였다. 그래서 셔츠나 바지는 한국에서 가져온 것을 소중히 다뤄서 입더라도 재킷만큼은 현지에서 새로 살 수밖에 없었다. 아마도 여성분들이 이 부분을 더 예민하게 느꼈을 것 같다. 매번 다른 드레스와 옷을 입고 참석하는 건 여간 어려운 일이 아니기 때문이다. 특히 중국인 친구들은 정말 신기할 정도로 매 파티마다 새로운 드레스와 옷차림을 하고 나왔다.

그리고 옷을 구매하는 것보다 열 배는 더 고통스러운 일이 있었으니, 그것은 바로 세탁이었다. 내 소중한 원룸에는 세탁기와 건조기가 없었다. 그래서 사설 기숙사 공용 공간에 놓인 2대의 코인 세탁기와 2대의 코인 건조기를 사용할 수밖에 없었다. 물론 주변에 세탁소는 있었지만, 우리나라보다 적어도 3배 이상은 비쌌다. 코인 세탁기를 한 번 사용하는 데 8천 원, 건조기는 만 원이 들었다. 일상적으로 빨아야 하는 수건과 속옷을 한 번 세탁하는 데에 2만 원을 써야 한다는 소리다. 그나마 기계의 성능이 좋았다면 스트레스가 조금 줄었을 것이다. 건조기를 한 번 돌려서는 도무지 뽀송뽀송하게 건조되지 않았다. 건조기 필터에 있는 정체불명의 '공용 먼지'를 샅샅이 다 제거하고 건조기를 돌려도 꿉꿉함이 가시지 않았기에, 나는 건조기를 두 번씩 돌릴 수밖에 없었다. 옥스퍼드 학비에 비하면 적은 돈이지만 가랑비에 옷 젖는 법이다. 일주일에 한 번은 해야 하는 생활 빨래에 3만 원 이상의 돈과 3~4시간의 시간이 들었으니 그 스트레스도 만만치 않았다.

당시 살던 곳의 공용 세탁기 & 건조기 사진

세탁소 역시 스트레스의 연속이었다. 한국에서 셔츠 한 장을 세탁소에 맡기면 드라이클리닝에 2~3천 원이면 될 것이 영국에선 7~8천 원이었다. 한국에서 세일 할 때 사 온 셔츠 값을 고려하면 서너 번만 맡겨도 셔츠의 원가를 넘어섰다. 그리고 큰맘 먹고 산 정장 재킷들도 드라이클리닝에 2만 원은 족히 들었으니 입는 문제 역시 내겐 녹록지 않은 문제였다. 특히 직장을 다니며 비교적 품위(?) 있는 일상을 영위했던 사람이라면, 타국에서 삶의 질이 급격하게 추락하는 경험으로 마음이 힘들 수도 있다. 당연하게 누려왔던 소소한 일상적 요소들이 매번 장벽으로 다가오는 느낌이랄까.

따라서 사전 준비 목록에 의복과 관련된 부분도 잘 준비해두는 것이 좋다. 우선 세탁 비용을 아끼려면 비교적 구김이 적은 소재의 셔츠를 여러 벌 준비하는 것이 좋다. 또한 현지의 저렴한 프라이마크('Primark') 같은 상점에서 적당한 일상 의류를 사는 것이 어쩌면 세탁하고 수선하는 것보다 더 나은 선택일 수도 있다. 영국에도 우리나라의 '다이소'와 같이 저렴한 브랜드가 꽤 있다. 따라서 양말이나 속옷, 기본 셔츠 등은 현지에서 새것으로 자주 사 입는 것이 더 이득일 수 있다.

또한 어차피 새 옷들을 사야 한다면 스트레스받는 쇼핑이 아닌, 나의 만족도를 높일 수 있는 유럽에서의 행복한 쇼핑을 하길 추천한다. 이를 위해서는 우선 유럽의 사이즈 체계도 미리 살펴보는 것이 좋다. 요즘은 해외직구가 일상화되어 해외 사이즈 체계를 아시는 분이 많지만, 나의 경우 이 같은 차이를 제대로 파악하지 못해서 난처했던 적이 많았기 때문이다. 브랜드마다 사이즈 자체가 약간씩 다를 수도 있고, 표기 방법 또한 다르다. 우리나라의 경우 XS, S, M, L 등으로 사이즈를 표기하지만, 유럽은 36, 38, 40 등 숫자가 높을수록 사이즈가 크다. 미국의 경우 6, 8, 10 등으로 표기되는 것과는 또 다른 방식이다. 게다가 영국의 경우 UK 8, 10, 12 등의 표기 방식을 채택하고 있으니 사이즈 변환표를 확인하여 나의 사이즈를 미리 파악하는 것을 추천한다. 또한 유럽은 명품 브랜드가 한국보다 싼 경우가 많기 때문에(환율이 뒷받침된다면 더더욱) 아울렛 쇼핑도 많이 한다. 가족들이나 친구들의 선물을 살 계획이 있다면 그들의 사이즈도 미리 파악해 두어야 현지에 도착해서 좋은 가격의 물건을 발견했을 때 빠르게 득템할 수 있다.

또한 각 나라의 대표 브랜드가 있다면 이를 쇼핑하는 것도 즐거운 경험 중 하나이다. 물론 요즘 글로벌 브랜드 대부분은 국내에 들어와 있지만, 현지에서 현지 유명 브랜드를 사는 것은 보다 의미 있는 쇼핑이 되기도 하기 때문이다. 예를 들어 내가 좋아하는 바버(Barbour) 브랜드 역시 대표적인 영국 브랜드이면서 현지에서 더 저렴하게 살 수 있었다. 물론 환율에 따라 차이는 있겠지만 최소한 한국보다는 같거나 더 저렴한 가격에 구매할 수 있는 경우가 많았다. 그리고 현지에서 그 대표 브랜드를 구매했다는 것 자체가 또 다른 만족감을 주기도 한다. 서유럽을 여행하는 중에 평소 부담스러워 구매하지 못했던 그 나라의 명품 브랜드를 구매하거나 부모님의 선물을 샀던 일들 역시 즐거운 기억으로 남아 있다.

6장

옥스퍼드 MBA,
부딪히고 배우다

8,800km 떨어진 그곳에서 벌어지는 리얼스토리

입학식 사진

해외 MBA를 가는
진짜 이유

내가 MBA라는 단어를 처음 접한 것은 재수 시절 부산의 한 독서실에서였다. 6개월간의 서울 재수학원 생활에 지쳐서 본가인 부산으로 내려온 나는 동네 독서실을 등록하고 스스로를 유폐했다. 매일 새벽부터 3평 남짓한 방 안 독서실 책상에 앉아 끝이 날 것 같지 않은 문제 풀이를 반복했다. 그나마 독서실의 공용 탕비실이 숨통이 트이는 공간이었다. 아침 인터넷 강의를 듣고 싸구려 자판기 커피를 뽑아 테이블 위에 놓인 신문을 읽는 것이 세상과 연결된 유일한 끈처럼 느껴졌다. 신문의 인물 섹션에는 각 분야에서 성공을 일군 사람들의 이야기가 있었다. 갓 스무 살이 된 내가 왜 이 시간을 견뎌야 하는지를 설명해 줄 사람은 아무도 없었지만, 성공한 사람의 이야기는 내가 좋은 대학을 가야 하는 이유를 조금이나마 설명해주었다. 그때 'ㅇㅇ대학 MBA 출신'이라는 단어를 접했다. MBA가 경영전문대학원인 것은 검색을 통해 알게 되었지만, 정확히 어떤 곳인지 감이 잡히지 않았다. 부유한 사람들이 더 부유해지기 위해 가는 부유한 유학길 같기만 했다.

실제 내가 경험한 MBA의 현실적 효능은 크게 3가지로 압축된다. '학업', '네트워킹', '커리어 개발(Career Development)'이다. 이 세 가지 부문에서 발전하기 위해 비싼 학비와 현실적 리스크를 감수하고 세계 각지의 인재들이

MBA 프로그램에 모여든다. 이러한 효능들이 한국뿐만이 아닌 글로벌 인재들에게도 실제 MBA를 선택하는 중요한 요소인지 이번 장에서 차근차근 살펴보고자 한다. 이를 위해 옥스퍼드 학교 측 자료를 바탕으로 MBA를 구성하고 있는 학생들의 특성과 향후 커리어 및 연봉 변화 등을 살펴보는 것을 그 시작점으로 삼고자 한다.

　내가 속했던 사이드 비즈니스 스쿨 MBA는 약 60개의 서로 다른 나라에서 온 학생들로 구성이 된 만큼 약 97~8퍼센트의 다국적(International) 비중을 보인다. 실제로 옥스퍼드 MBA를 하는 동안 진짜 영국인(?)을 만나기가 너무나도 어려웠다. 열 명도 안 된다는 현지인, 다시 말해 국적이 영국인 친구들을 아주 드물게 만나볼 수 있었다. 그리고 현지인들은 학비도 국제 학생들보다 1/5 수준만 내면 되는 것으로 알고 있다. 가장 많은 국적은 아무래도 인도계 학생들이 많았고 아시아권에서는 중국과 일본 쪽 비중이 높은 편이었다. MBA 시작 전, 사전 교류 여행(Pre-MBA Trek)을 위해 에든버러(Edinburgh)로 떠나는 버스에 탔을 때, 순간 내가 영국으로 유학을 온 것인지 인도로 온 것인지 헷갈릴 정도로 대부분의 친구들이 인도계였던 것이 기억에 남는다.

Class profile (2024-25)

The class represents a breadth of diversity, a multiplicity of perspectives and expertise, along with a willingness to interchange ideas and concepts. We seek professionals from a range of industries, from finance to consulting, and tech to healthcare.

348	59	97%	48%	6 years	680
Class size	Nationalities	International students	Female	Average work experience	Median GMAT

2024-25 옥스퍼드 MBA 인원 구성

학교 측 자료에 따르면 신입생은 통상 6년 정도의 경력을 가졌고 산업군은 테크, 금융, 컨설팅을 포함해서 다양했다. 그중에서도 가장 많은 커리어 비중을 차지하는 것은 MBA답게 금융(32%)과 컨설팅(27%) 분야였다. 나는 금융서비스(Financial Service)로 분류되었는데, 이들 중 20퍼센트가 이후 컨설팅으로 산업(직군)을 바꾸었다. 이외에도 상당수의 학생들의 입학 전 커리어 분야와 졸업 이후 커리어 분야가 달라진 것을 확인할 수 있다(아래 도표 참고). MBA를 통해 새로운 커리어 로드맵을 구축(Career Development)하는 것이 MBA를 오는 중요한 이유임을 보여준다. 물론 회사의 지원을 통해 MBA로 온 사람들은 다시 원래 회사로 복귀하는 경우가 많았다.

A Roadmap to Success: Tracking our graduates' journey from
Pre-MBA to Post-MBA roles

| Industry sector | Post MBA | | | | |
	Consulting	Financial Services	Global Industries	Impact	Technology
Consulting	42%	22%	14%	8%	14%
Financial Services	20%	64%	9%		7%
Global Industries	28%	21%	38%	3%	1%
Impact	25%	13%	8%	54%	
Technology	13%	27%	20%	7%	33%

옥스퍼드 MBA 졸업생 커리어 변화

추가적인 내용이지만, 장학지원 제도 역시 짚고 넘어가고자 한다. 옥스퍼드 MBA에 와보니 생각보다 많은 친구들이 장학금을 받고 있었다. 물론 대부분 장학지원 대상의 폭이 좁기 때문에 쉽지는 않겠지만, 합격 오퍼를 받았다면 지원해봐서 손해 볼 것은 없다. 아예 처음부터 장학 제도가 다양한 학교를 선택하는 것도 하나의 방법이 될 수도 있다. 매년 드라마틱하게 치솟는 학비를 생각한다면 더더욱. 나 역시 상대적으로 빨리 오퍼를 받았던 맨체스터 MBA(Manchester MBA)에서 반액 장학금을 약속받았으나 옥스퍼드가 1순위였기에 눈을 질끈 감고 옥스퍼드행을 선택하기도 했다. 옥스퍼드를 기준으로 보면, 장학 제도만 해도 약 20개에 달한다. AfOx, Oxford Black Leadership 등 아프리카 대륙 출신을 대상으로 한 장학금이 많고, 여성리더십(Women leadership) 관련 장학금도 상당수 마련되어 있다. 대부분 전액 혹은 반액 장학금을 지원하고 있으니 장학금 지원제도 역시 미리 챙겨 보는 것이 좋다.

MBA and 1+1 MBA

Some of our MBA scholarships have fixed application deadlines. Others are awarded following each MBA admissions stage. However, we cannot guarantee their availability after later stages, so we recommend early application.

> Adara Foundation Scholarship
> AfOx Graduate Scholarships
> Forté Fellowships for Women
> Laidlaw Scholarships (additional application required)
> Leo Tong Chen Scholarships
> Oxford Black Leaders Scholarships
> Oxford Intesa Sanpaolo MBA Graduate Scholarship
> Oxford MBA Military Service Scholarships
> Oxford Orjiako Graduate Scholarship
> Oxford Pershing Square Graduate Scholarships (additional application required)
> Oxford Saïd Future Leaders Scholarships
> Oxford Saïd HEC Montréal Scholarship
> Reaching Out MBA (ROMBA) LGBTQ+ Fellowships (additional application required)
> Rewley Scholarships
> Saïd Business School Foundation Scholarships
> Skoll Scholarships (additional application required)
> Uoffer Global MBA Scholarships
> Weidenfeld-Hoffmann Scholarships and Leadership Programme (additional application required)

옥스퍼드 MBA 장학금 제도

그리고 가장 중요한 지표일 수 있는, 연봉도 유의미한 변화가 있다고 보고되고 있다. MBA 이후의 평균적인 연봉이 약 91,000파운드, 한화 1억 6천만 원 정도의 수준이니 MBA의 살인적인 학비를 감안하더라도 괜찮은 투자일 수 있다. 흥미로운 점은 82%의 학생이 대부분 졸업 3개월 이내에 기업으로부터 취업 제안(Job Offer)을 받는다는 것이다. 나와 친했던 중국 친구처럼 취업 대신 새로운 사업을 시작하는 친구들도 있다는 점을 생각해보면, 대부분의 학생이 졸업 이후에 기존 기업 혹은 다른 기업으로 취업에 성공한다고 볼 수 있다. 자신의 나라에서 퇴사하고 온 친구들이 많은 만큼 이러한 지표는 MBA를 결정하는 데 중요한 부분일 것이다.

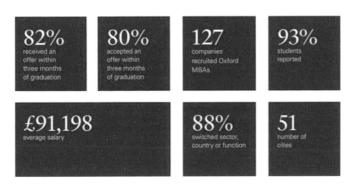

MBA 졸업 이후 취업 관련 지표

위에서 살펴본 MBA 이수자들의 커리어, 연봉 등과 같은 정량적 지표들이 매우 유의미한 변화들을 보이기 때문에 자칫, MBA를 하나의 도구적 요소로만 볼 수도 있다. 나 역시 MBA에 오기 전에는 프로그램 이수 이후의 연봉 상승률, MBA 이후 취업까지 평균 걸리는 시간 등의 정량적인 지표들이 눈에 먼저 들어왔다. 이것들은 실제 프로그램을 선택하는 중요한 기준이다. 그러나 내가 향후 어떤 방향으로 커리어를 만들어갈지, 이 과정에서 뭘 더 배울지를 결정하는 데 더 큰 도움이 된 것은 '내 곁의 사람들'과의 교류였다. 이제는 이러한 교류를 통해 얻게 된 정성적인 인사이트들이 MBA 과정을 판단하는 매우 중요한 부분이 되었다. 나이지리아 출신으로 전액 장학금을 받고 온 에이미(Aimee)의 인생관을 들으며 다시 한번 내가 왜 MBA에 왔는지, 왜 그토록 흔들리지 않는 삶을 꿈꿨는지를 깨닫기도 하였다. 중국계 베스트프렌드의 호화로운 집에서 밤새 위스키를 마시던 날, (친구는 비흡연자인 나에게 시가를 가르쳐 주었다) 진정한 성공에 대해서 오래도록 이야기를 나누었다. 내 인생과 커리어에 있어서 진정한 성공이 무엇일지 깊게 생각해 볼 수 있는 시간이었다. 정량화하기 어려운 이런 상호작용들이 삶에 의미 있는 변화를 주기도 한다. 이렇듯 MBA를 선택하는 이유는 표면적인 커리어나 연봉의 변화뿐만이 아니라 상호 교류를 통해 자신의 인생관에 대한 내적 통찰을 하는 것에서도 찾아볼 수 있다.

시작부터 남다른
첫 네트워킹 여행

내가 방문해본 나라마다 그 나라의 저녁 어둠이 주는 느낌이 달랐다. 남미 여행에서 마주한 밤거리의 어둠에는 숲과 바람 냄새가 묻어 있었고, 아일랜드의 밤거리는 무척 따스하고도 온화한 느낌이었다. 내겐 이런 저녁 어둠이 주는 이미지들이 그 나라와 도시를 기억하게 되는 이미지로 남게 된다.

옥스퍼드에서의 둘째 날 밤, 그날의 저녁은 고독하고도 적막했다. 영국 날씨가 을씨년스러움의 상징으로 회자되는 건 다 이유가 있는 법이다. 적요한 그 밤이 내게 남긴 것은 처연함이었다. 낯선 곳에 발을 디딘 33살 청년의 막막함 때문일 수도 있지만, 그것만은 아닌 것 같다. 밤 아홉 시 경이었다. 아직 시차에 적응하지 못한 상태라 졸리지도, 그렇다고 개운하지도 않은 애매한 컨디션으로 가랑비를 맞으며 옥스퍼드의 거리로 나섰다. 옥스퍼드 MBA 동기들과의 첫 만남이자, 첫 네트워킹 여행인 사전 교류 여행(Pre-MBA Trek)을 떠나는 날이었기 때문이다. 옥스퍼드 MBA의 경우, 학생들이 자체적으로 학기가 시작되기 전 에든버러로 떠나는 여행을 기획함으로써 미리 네트워킹할 수 있는 기회를 마련한다. 아무래도 상대적으로 짧은 1년의 학위 취득 과정인 만큼, MBA의 중요 효능 중 하나인 네트워킹을 최대한 일찍부터 시작하는 것이다.

　사이드 비즈니스 스쿨 건물 옆에는 옥스퍼드 기차역과 버스 정류소의 종점이 위치한다. 이곳엔 항상 사람들이 많고 택시 승강장에는 블랙캡(영국 택시)들이 줄지어 서 있다. 이틀 전 처음 영국에 와서 이곳에 도착했을 때 보이지 않았던 전경이 이제야 눈에 들어왔다. 유독 한 버스 정류소 근처에만 사람들이 모여 있었다. 시끌벅적한 웃음소리와 분출되는 에너지만 봐도 내 동기들임이 분명했다. 아는 사람 하나 없는 신세라 쭈뼛쭈뼛 적당히 MBA스러워 보이는 무리에 다가갔다. MBA 학생들의 MBTI를 전수 조사한 적은 없지만, 그들 중 80퍼센트는 E(외향성)일 것으로 확신한다. 무리에 합류하자마자 30년 지기 고향 친구를 상봉한 듯 나를 반겨주는 친구가 나타났다. 여기가 모임 장소가 맞는지, 언제 영국에 도착했는지 등 스몰 토크(Small Talk, 가볍고 소소한 대화)를 시작하며 어색함을 조금씩 눅일 수 있었다. 에든버러까지는 차로 10시간, 한눈에 보기에도 굉장한 연식의 버스 한 대가 들어왔다. 옥스퍼드 MBA는 은근 '부티' 날 것이라는 통념이 깨지는 순간이었다. 낡은 버스에 약 45명이 버스 허용 좌석 수를 모두 채워 앉았다. 비좁은 좌석에 당황했지만, 좁고 낡은 버스 안에서 옆자리, 앞자리, 뒷자리 사람과 끊임없이 이름을 묻고 대화를 이어나갔다. 점점 아득해지는 정신과 그 속의 텁텁한 공기 속에서 버티고 또 버티다 보니 에든버러의 아침이 기다리고 있었다.

　다시 한번 더, MBA는 부유함의 상징 아니었나? 도착한 숙소는 호텔이 아닌 게스트하우스였다. 그리고 총 열 명이 한 방을 쓴다. 다시 말해 이층 침대 5개가 놓인 방에서 자야 했다. 20대 초반의 배낭여행 이후로 이런 숙소는 또 처음이다. 다들 아무렇지 않아 보이는 터라 나 역시 애써 당황함을 감춘 채 숙소로 들어섰다. 앞서 말한 정보의 공유가 또 중요함을 느끼는 순간이 찾아왔다. 미리 사전 교류 여행을 등록한 경우에는 성별, 지역별, 혹은 본인의 희망에 따라 방을 배정한다. 사전에 정보를 얻지 못했던 나는 불과 출발 3일 전에야 이미 접수가 마감된 이 프로그램에 별도 등록을 하였다. 이로 인해 나와 또 한 명의 동기를 제외하고 총 네 커플, 8명의 연인이 묵는 방에 합류하게 된 것이다. 12인실 혼숙 도미토리에서도 자본 적이 있었지만, 이 나이에 8명의 커플이 자는 방에 껴보기는 또 처음이다. 참으로 난감한 일이었다. 물론 나 말고는 아무도 신경 쓰지 않는 것 같았지만, 유교의 나라에서 온 33살 아재에게는 무척 당혹스러운 경험이었다. 그렇게 2박 4일의 에든버러에서의 본격적인 일정이 시작되었다.

첫 행사인 만큼 나름대로 신경 써서 챙긴 포멀한 옷을 이층침대에 아슬아슬하게 걸어두고, 삼삼오오 주변의 식당으로 향했다. 한눈에 봐도 에든버러는 런던과 옥스퍼드와는 또 다른 느낌의 아름다운 풍광이 가득한 도시였다. 홀로 있었다면 끝없는 탄성을 지르며 카메라 셔터를 눌렀을 것이다. 그러나 지금은 그럴 겨를이 없다. 미국, 중국, 인도 등에서 온 동기들과 끊임없이 자기소개를 하며 스몰토크를 이어나가야 했고, 아이컨택을 하느라 주변을 볼 수가 없었다.

같이 점심을 먹으며 서로에 대해 좀 더 알아가고 또 오후에는 다 같이 주변 유명 관광명소를 둘러보기도 했다. 하지만 사실 어딜 갔는지 잘 기억이 나지 않는다. 모든 여정은 서로를 알아가는 대화로 빈틈없이 연결되어 그 본질에 있어서는 관광이 아니었다. 그렇게 첫날밤이 왔다.

학생들이 자체적으로 참가비를 받고 기획한 행사다 보니 숙소와 교통비를 최대한 아낀 듯했는데, 저녁 행사만큼은 MBA스럽게① 준비한 것을 느꼈다. 나름대로 호텔의 연회장을 빌리고, 웰컴 드링크가 마련된 리셉션도 차려졌다. 각자의 자리에 명찰과 명패를 구성하고 서로 자연스럽게 섞이며 네트워킹이 이루어지도록 프로그램이 진행되었다. 사실 내가 그 당시 무슨 얘기를 했는지 크게 기억이 나지 않는다. 거의 여섯 시간 가까이 행사장에 있으면서 최소 50명의 사람과 화기애애하게 대화를 나누긴 했는데, 내 정신과 몸은 이미 고된 여정과 정반대의 시차에 방전된 상태였다.

그래도 이 과정에서 자신의 피곤함을 감추지 않고 적응되지 않는 어색함에 대해 솔직하게 이야기를 나눈 친구들이 생겼고, 새벽까지 이어진 파티에서 같이 도망(?)칠 수 있었다. 왜냐하면 공식 행사가 끝나자, 연회장에는 디제잉을 좋아하는 몇몇 친구들이 자신들이 원하는 음악을 틀기 시작했다. 다들 자리에서 일어나 춤추며 술 마시는, 체질적으로 섞이기 어려운 난생처음 경험하는 사교 파티가 밤새도록 계속되었기 때문이다. 평소 클럽도 가지 않던 나에겐 꽤나 큰 용기가 필요했고, 이것이 MBA라는 생각에 애써 흥에 겨운 척하기에 바빴다. 이날 이후로 웬만하면 공식 행사 외에는 춤과 술이 곁들여진 파티는 피했던 것 같다. 그렇게 파티장을 여러 명의 자발적 '아싸'(아웃사이더) 친구들과 벗어나서 에든버러의 새벽길을 걸으며 앞으로 서로 잘 챙기고 도와주자는 의리를 다질 수 있었다.

그리고 실제 MBA 기간 동안 가장 많이 의지하고 서로 도움을 준 것도 이 친구들이 되기도 하였다. 그래서 1년 후 서로 MBA를 떠나는 그 순간까지도 우리는 그 당시 처음 만났을 때를 추억하곤 했다. 우리가 처음에 얼마나 MBA 파티를 어색해했는지, 그리고 그 덕분에 얼마나 소중한 인연을 얻었는지 (당연히 춤은 추지 않은 채) 함께 술을 마시며 회상하곤 했다. 둘째 날 역시 관광명소 투어와 에든버러에서 유명한 위스키 투어도 참여하며 점차 편하게 인사를 나누는 사이들이 늘어났다. 몸과 정신은 매우 힘든 경험이었지만, 향후 있을 MBA 과정이 덜 막연하게 느껴지는 소중한 경험이었다.

그렇게 2박 4일, 왕복 20시간의 내 첫 MBA 행사가 끝이 났다. 전체 MBA 학생의 1/3이 참여할 만큼 다들 열정과 의지를 가지고 네트워킹에 임했다. 이후 MBA가 어떻게 진행되어 갈지 가늠할 수 있는 행사이기도 했다.

앞서 4장에서 해외 유학을 준비하는 사람들과의 사전 정보 교류를 놓쳤 었던 점을 설명했다. 사전 교류 여행 사례 역시 여기에 포함된다. 사전 정보가 없으니 신청조차 하지 못했고, 그나마 운이 좋아 합류할 수 있었다. 유학을 준비하면, 특히 회사를 다니면서 해외 유학을 준비하면 당연히 모든 에너지를 '합격'에만 초점을 맞추어 쏟게 된다. 입학 전에는 당연히 그 것이 핵심 과제이기 때문이다. 그러나 실제 MBA 생활의 알갱이는 수업 외의 '사람의 일'로 채워진다. 그렇지 않아도 짧은 1년 과정이다. 네트워킹은 MBA가 줄 수 있는 최고의 효능 중 하나이다. 많은 돈과 시간을 투자해서 간 MBA에서 이것을 놓치는 건 큰 손실이다. 그러니 항상 합격 이외의 MBA 관련 정보들에도 눈과 귀를 활짝 열고 있길 권장한다.

사전 교류 여행(Pre-MBA Trek) 단체 사진

홀로서기의 연속,
친분 쌓기의 영역까지도

　보통 고등학교를 졸업하면 사회에서 인정하는 성인으로 분류한다. 부모님의 울타리에서 벗어나 홀로 나아가는 사회 속에서 자신의 새로운 모습과 사회 속 위치를 잡아가며 성인으로서의 모습을 갖추어간다. 사회생활을 하면서 자신의 자리를 잡아가는 것은 결국 홀로서기의 과정인 듯하다. 타인의 도움이나 서로 의지하는 것이 필요 없다는 말이 아니라, 결국 이 과정 또한 자기 자신의 노력이 절대적인 바탕이 된다는 뜻이다. 회사 생활을 하면서 싫으면서도 인정할 수밖에 없었던 씁쓸한 말 중 하나가 "슬픔을 나누면 약점이 되고, 기쁨을 나누면 질투가 된다."라는 말이었다. 사회 초년생일수록 쉽게 믿고 정 또한 빨리 드는 것 같다. 닳고 닳은 '페르소나'와 '역할 게임'에 익숙하지 않은 순수한 청년들은 하룻밤 술자리에 호형호제하며 속을 꺼내 놓지만, 대상자는 전혀 그렇지 않은 경우가 많다. 진심을 다해 자신을 투명하게 드러내는 것이 늘 긍정적인 결과를 가져오는 것은 아니다. 하지만 옥스퍼드에선 다시 학생 신분으로 돌아가는 것이니, 사회생활과는 다른 순수하고 투명한 관계를 맺을 기회가 많을 것이라는 기대가 있었다. 실제로 흉금을 터놓고 살가워진 사람도 많았고, 일로 엮였다면 마음 트기 어려웠을 소중한 인연을 지금까지 이어갈 수도 있었다. 하지만 이 과정이 자연스레 따라오는 것은 아니었고, 홀로서는 과정에서의 보이지 않는 노력들이 필요했다.

낯선 환경에 홀로 놓이게 되었을 때 아무래도 가장 먼저 눈이 가는 사람은 같은 한국 국적의 동기들이다. 나 역시 처음 정착하게 된 옥스퍼드라는 곳에서 기댈 곳이 필요했고, 서로 믿고 의지할 관계를 본능적으로 찾게 되었다. 330명의 MBA 동기 중 몇 안 되는 한국인과의 허심한 친교를 기대했지만, 같은 국적이 사람에 대한 우호를 보증하는 것은 아니라는 것을 곧 깨달았다. 그 첫 시발점이 된 것은 아무래도 MBA 네트워킹 행사였던 듯하다. 처음 만난 한국 동기들에게 나는 유학도 처음이고 한국에서만 회사 생활을 하다 와서 많이 부족하다, 잘 부탁한다는 등의 인사를 나누었다. 동포⑺로서의 동질감이나 선의에 기댄 것은 나의 순진함이라는 걸 알게 된 것은 얼마 지나지 않아서였다. 한국인 동기 중 한 명이 여러 학생과 농담 반 조롱 반으로 나에 관해 이야기하는 것을 듣게 된 것이다.

"저 친구는 옥스퍼드에 오기 불과 일주일 전에 제이든(Jayden)이라는 이름을 만들었는데, 이 이름은 너무 할아버지 같은 이름이다. 아마 유학이 처음이라 외국 문화를 잘 몰라서 우스꽝스러운 할아버지 이름을 만들어 온 듯하다…."

대부분 이미 유학 경험이 있거나 꽤 오랜 기간에 걸쳐서 MBA 과정을 준비했던 경우가 많았다. 내가 학교 계정 생성이나 CV 업로드 등과 같이 MBA에 오기 전 할 법한 기본적인 준비들을 제대로 하지 않고 왔다는 것을 알고는 더더욱 딱히 도움이 될 만한 네트워킹의 대상이 아니었음을 느꼈던 듯했다. 그들은 빠른 속도로 무리에서 나를 배제했고, 자기 그룹의 인원을 선별하여 따로 무리를 형성해나갔다. 이후로 MBA에서 같은 국적에 대한 기대를 접었다. 굳이 자존심을 버려가면서 도움을 요청하며 어울리고 싶지도 않았다. 준비가 부족한 내게 손 내밀어주는 이가 없으니, 스스로 만들어 갈 수밖에 없지 않은가. 그래서 피곤하고 힘들어도 모르는 이들과의 네트워킹에 보다 집중해 나갔다.

　조금씩 나와 결이 맞는 친구들이 모였고, 감사하게도 한국 동기들에게서도 느낄 수 없었던 정을 그들을 통해서 느낄 수 있었다. 그들은 나의 부족함을 빌미 삼지 않았고, 그건 별문제가 아니라며 나를 안심시켰다. 이 친구들 덕분에 나는 MBA에 안착할 수 있었다. 유럽 대부분 시스템이 한국보다는 비효율적인 부분이 많다. 그래서 이런 네트워킹은 단순한 교류를 넘어 절박한 상황에서 도움을 요청할 수 있는 관계가 된다. 쓸데없이 산재된 여러 학교 시스템들의 접속 계정들을 만들어야 했고, 은행 계좌를 만드는 것처럼 한국에서는 지극히 단순한 일이 이곳에선 기묘하게 복잡했다. 경험하지 않았다면 숱한 시행착오를 각오해야 하는 일이 많았기 때문이다. 한국이라면 1시간도 안 걸릴 일들이 일주일씩 걸릴 때면 자괴감마저 들곤 했다. 그럴 때마다 친구들에게 도움을 요청했고, 나 또한 그들을 도왔다.

　학업에서도 친구들의 도움은 큰 힘을 발휘했다. 시험을 앞두고 (한국에선 소위 '족보'라 부르는) 암암리에 떠도는 과거의 시험 자료들과 여러 팁, 그리고 누군가 교수님에게 많은 질문을 해서 얻어낸 알짜배기 정보들을 우린 공유했다. 나의 소중한 인연들은 각자의 정보들을 스스럼없이 공유했고 서로의 무사 패스를 진심으로 바랐다. 영국에서 돌아온 지금도 우린 그 시절의 추억을 말하며 우정을 키우고 있다.

　우린 살아가며 많은 사람을 만나게 된다. 이 과정에서 스칠 사람은 스쳐가고, 얻어야 할 사람은 얻게 된다. 아직 세상을 오래 살지 않았지만, 조급해하지 않고 내 본연의 모습 그대로 서로 마음을 나눌 때 좋은 벗이 생기는 듯하다. 물론 그것의 전제는 나 스스로 가식을 버리고 진심을 다해야 한다는 것 역시 다시금 경험을 통해 느낄 수 있었다. 그래서 해외 유학을 선택한 많은 이들이 선의를 가장한 알량한 도움에 의지하지 말고 나 자신의 중심을 잡아가길 바란다. 스스로 중심을 잡고 열린 마음을 가질 때, 그곳이 어디라도 참된 인연은 반드시 찾아온다는 말을 전하고 싶다.

Launch Week
: 본격적 학기의 시작

사전 교류 여행을 통해 어느 정도 파워 E들이 뿜어내는 부산스러움에 익숙해졌다고 생각했지만…, 아니었다. 본격적으로 시작된 학기 첫날, 엄밀히 말하자면 약 2주간의 MBA 입문 과정(Launch Program)의 첫날 30분 일찍 강의실에 도착해서 마음을 다잡으려는 계획은 강의실 문을 열자마자 깨졌다. 이미 친해진 에든버러 여행 동지들은 서로의 친분을 재확인하기에 바빴고, 처음 등장한 새로운 얼굴들은 어색함을 누르고 네트워킹을 하느라 정신이 없었다. 나 역시 어느 정도 친분이 쌓인 친구들과 그간의 안부를 묻고 여러 정보를 공유하느라 요란하게 목청을 높여갔다. 비즈니스 스쿨에서 가장 큰 강의실인 넬슨 만델라 강의실(2002년에 그가 직접 방문했던 것을 기념하여 이름 붙여짐)엔 약 330명에 가까운 MBA 신입생 전원이 모였다.

2주간의 입문 과정은 본격적인 학기가 시작되기 전에, 향후 MBA 과정이 어떻게 구성이 될지를 소개한다. 필수적인 학점수료 과정과 커리어 지원 프로그램(Career Development Center) 등이 어떤 식으로 운영되는지와 같은 MBA 핵심 정보들을 열흘간 여러 연사분들을 모시고 진행한다. 그리고 중간중간 소그룹으로 나누어 서로의 성격 진단도 해보고, 다양한 팀 빌딩 활동을 통해서 향후 있을 MBA 프로그램이 원활히 이루어지도록 공식적인 친목 도모의 기회를 제공한다.

입문 주간(Launch Week)의 첫 일정은 역시 학장(Dean)님의 인사 말씀이다. MBA답게 그의 소개가 있자마자 다들 그의 커리어를 찾아보기 바빴다. 환영사와 비전에 대한 설명이 이어졌고, 교수님들의 커리큘럼 소개도 이어졌다. 단연 다들 가장 높은 집중도를 보인 것은 학점수료 제도와 관련된 소개였다. 뒤에서 보다 상세히 설명하겠지만 옥스퍼드는 총 세 학기로 구성되는데, 학기마다 요구하는 시험의 종류와 개수가 다르다. 첫 학기는 공통 커리큘럼이 많았고 특히 객관식 시험을 요구하는 과목들이 꽤 있었다(수험 생활의 트라우마가 고개를 들었다). 정규학기 과정 외에도 전체 학점을 수료하기 위해서는 여름방학 동안 추가 수업을 듣거나, 인턴십(Internship)을 하거나, 컨설팅 프로젝트에 참여해야 한다는 점도 안내받을 수 있었다.

한국 대학으로 치면 신입생 환영 주간 같은 느낌이라 그런지 일정을 마치면 마치 공식 일정인 것처럼 애프터 파티가 이어졌다. 나 역시 이 주간만큼은 하루도 빠지지 않고 여러 펍을 돌아다니며 친분과 인맥을 쌓았다. 자기 나라를 벗어나 해외에서 다국적 사람들이 모였을 때는 서로의 문화 소개가 주를 이루는 것 같다. 상대방의 나라에 대해 자신이 경험했거나 아는 것을 말하는 것은 사회생활을 나보다 많이 하고 온 옥스퍼드의 형, 누나들도 마찬가지였다. MBA라서 그런지 몰라도 한국에서 왔다고 하면 대부분 술 문화에 대한 질문이 많았다. 덕분에 20대의 기억을 급히 소환해서 서로 친해지기 쉬운 술 게임들을 가르쳐 주며 술자리 사회로 자주 호명되었다. 2주 동안 낮에는 초청 강사의 강연이나 앞으로 배울 과목 교수님들의 설명을 듣고, 밤에는 한국 술 문화 전도사가 되어 지내다 보니 어느새 드디어 진짜 학기가 시작되었다.

입문 주간(Launch Week) 첫 시간 모습

MBA에선
현실 자본을 배운다

　밖은 선선하고 쌀쌀한 느낌마저 드는데 강의실은 찜통이다. 원형경기장처럼 설계된 강의실의 첫인상은 설렘이었지만 막상 첫 수업 날이 되자 50명의 수강생이 내뿜는 이산화탄소와 열기로 인해 설렘은 짜증으로 바뀌었다. 에어컨을 켜달라는 아우성에도 다분히 영국답게(당연하다는 듯) 에어컨 시스템이 고장 났다는 성의 없는 답변이 돌아왔다. 두 대의 스탠딩 선풍기로는 50명의 들숨과 날숨을 빼내기 어려웠다. 약 7시간에 걸친 습하디습한 첫날의 수업들이 끝나자, 더는 펍이며 네트워킹이며 엄두조차 나지 않았다. 피나는 노동으로 비로소 조금은 깔끔해진 내 5평짜리 고시원 같은 방에 들어서자 이 방이 그토록 고마울 수가 없었다. 입문 주간 동안 학식으로 먹는 고깃덩어리가 점차 물리던 터라 옥스퍼드 유일의 한인 마트에서 사온 라면을 끓여 먹으며 내 정규학기 첫날을 자축했다.

　옥스퍼드 대학교 전체 학기는 3학기로 구성되어 있다. 10월~12월은 발음도 어려운 미클마스 학기(Michaelmas term), 잠깐의 겨울 방학 이후 1월~3월까지는 힐러리 학기(Hilary term), 봄방학 이후 4월~6월까지 트리니티 학기(Trinity term)로 구성된다. 도시도 이 흐름에 따라 사람들이 밀려오고 빠져나간다.

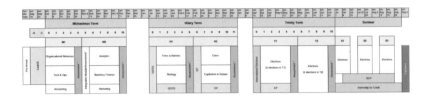

옥스퍼드 MBA 1년 스케줄

위 표가 보여주듯, 옥스퍼드의 1년은 겨울과 봄방학 기간을 제외하고는 한 학기에 4~6개의 과목을 이수하고 시험도 보아야 한다. 그리고 'GOTO' 나 'EP' 같은 조별과제도 학과 커리큘럼과 함께 촘촘하게 채워져 있다.

7월부터 8월까지는 공식적인 여름방학인데, MBA의 경우 이 기간에 필수적인 학점을 채우기 위한 추가 수업이나 인턴십, 또는 컨설팅 프로젝트에 참여해야 한다. 이 1년의 사이클로 옥스퍼드라는 소도시는 흘러간다. 이 사이클 속에서 학사, 석사, 박사 또 누군가는 박사 후 연구 과정(Post-doc)의 자격으로 각자의 꿈을 키워간다. 많은 사람들이 (이곳에 오기 전의 나를 포함) MBA에 학문적인 심도가 있을 것으로 생각하지 않는 듯하다. 심지어 MBA가 석사 과정이냐고 묻는 경우도 있다. 그만큼 논문을 쓰고 학문에 정진하는 석사 과정에 비해 MBA는 조금은 헐거운 이미지인 듯하다. 아무래도 일을 하다 온 사람들이 모여, 더 나은 커리어 개발에 많은 에너지를 쏟다 보니 MBA 과정 자체의 학문적인 이미지는 약한 듯도 하다. MBA가 논문을 필수적으로 쓰지 않는다는 점을 고려한다면 아예 틀린 말도 아니겠으나 내가 경험한 옥스퍼드 MBA는 학문적으로도 결코 만만치 않은 과정이었다. 이곳에 온 MBA 학생들이 고국에서 무엇을 했겠는가? 나보다 더 뛰어난 학창 시절을 보낸 인재들이다.

옥스퍼드 MBA의 학과 커리큘럼은 핵심 과정(Core Course)과 선택 과정

(Elective Course)으로 나뉘어져 있다. 한국 대학의 교과과정에 비유하자면 전공필수와 선택과목 정도랄까. 앞서 설명한 미클마스 학기의 경우 첫 학기인 만큼 모든 과정이 전공필수 공통과목으로 이루어져 있다. 회계학, 재무관리, 마케팅, 조직론 등 총 8개의 필수과목 중 6개를 첫 학기에 이수해야 한다. MBA 전공필수 과목 대부분이 나에겐 크게 낯설지 않긴 하였지만, 이론적인 내용 외에도 실제 현실 사례나 현업에 종사하는 분들의 이야기를 많이 들을 수 있다는 점이 매우 인상 깊었다.

비 내리는 10월이었다. 옥스퍼드에서 살다 보니 비에도 온도가 있다는 걸 체감한다. 9월에 도착해서 맞았던 옥스퍼드의 비는 싱그럽고 선선한 온도로 그리 꿉꿉하지도, 축축하지도 않은 느낌이었다. 그런데 10월부터 해넘이 시간이 급속도로 짧아지더니 어느덧 비에도 한기가 서렸다. 유럽인들은 웬만한 비에는 우산을 쓰지 않지만, 나는 이 한기에서 벗어나고자 꼬박꼬박 우산을 챙겨 다녔다.

오후 4시, 어둑한 거리의 한기를 안고 하나둘 학생들이 강의실로 들어섰다. 몸을 툭툭 털고 강의실로 들어오는 학생들이 늘어나더니 30분이 지나자 강의실은 곧 만석이 되었다. 비를 안고 온 50명의 학생들이 돔형 강의실에 앉다 보니 강의실 역시 금방 습해졌다. 정확히 4시 45분이 되자, 백발이 성성한 백인 노인 신사 두 분이 들어왔다. 한 분은 깡마른 체형에 언뜻 보아도 날카롭고 꼿꼿한 풍모였고, 다른 한 분은 맞춤 양복이 아니면 안 될 것 같은 풍채에 연신 흘러내리는 땀인지 비인지를 손수건으로 닦으며 사람 좋은 미소를 짓고 있었다. 뚱뚱한 노신사는 강단 옆자리에 앉았고, 깡마른 노신사는 강단에 서서 학생들을 둘러보았다. 강의실 뒷문으로 두 명의 인도계 학생이 들어서자 노신사의 입에서 첫 마디가 튀어나왔다. "앞으로 나의 강의 시간에는 지각생은 절대 들어올 수 없습니다." 약속된 45분에서 2분을 지각한 학생들을 노려보며 내린 엄숙한 그의 선포가 강의실을 완벽한 정숙의 공간으로 만들었다.

　이어서 화면에 띄워진 첫 슬라이드에는 과목명인 재무관리 심화 과정이 적혀있었다. 본인을 소개하며 다음 장으로 슬라이드를 넘기자 으레 있어야 할 이름이나 사진, 약력 등이 아닌, 한 장의 그래프가 나타났다. 가로축은 연도, 세로축은 투자액과 수익률이 보였다. 약 30년간 월가에서 근무한 그는 자신의 소개를 한 장의 그래프로 대체하였다. 매년 자신이 운용한 자금의 규모와 수익률이 그의 삶을 대변하듯 각각의 특징 있는 숫자들을 설명하며 자신에 대한 소개를 이어갔다. 내가 본 자기소개 중 가장 인상 깊고 독특했던 자기소개였던 것 같다. 엄정해 보이는 그의 태도는 자신이 겪어온 세계 경제의 예측 불가능성에 대항해 온 삶의 반증이 아닐까. 학생들의 눈빛엔 어느새 프리미어리그의 축구 선수를 보듯 존경과 선망이 담겼다.

　그 옆자리에 앉은 연신 땀을 흘리는 노신사 역시 함께 소개하는데 알고 보니 오히려 그가 전체 과정을 담당하는 교수님이셨고, 자신의 오랜 벗을 초대하여 현장 강의를 함께 진행하기 위해 온 것이었다. 해당 강의 주제의 학술적이고 기본적인 내용을 교수님이 강의하시고, 관련 분야 전문가들을 수업 목적에 맞게 초대하여 추가적인 내용을 배우는 방식으로 전체 과정이 진행되었다. 재무관리나 회계와 같이 숫자를 다루는 과목들의 공부가 처음은 아니나, 이렇게 현장에서 오랜 기간을 근무한 산증인의 실제 경험을 바탕으로 한 현실자본을 배우는 것이 강의를 들을 수 있는 것이 MBA 과정의 큰 특징 중 하나임을 알 수 있었다.

MBA는
놀기만 할까?

옥스퍼드 MBA 학과 커리큘럼 중 가장 기억에 남는 부분은 다 같이 객관식 시험을 치렀던 과목들이다. 회계학과 재무관리처럼 숫자와 계산이 들어가는 부분은 객관식으로 시험을 치렀다. 엄청난 에너지 레벨과 성취 욕구를 가진 MBA 학생들이 첫 시험, 그것도 객관식 시험을 앞두자, 학기 전에 보였던 느슨한 모습들이 일제히 사라졌다. 그들은 치열한 경쟁이 몸에 밴 듯했다. 한국의 수험생에게서 느낄 수 있는 집중력과 뜨거운 열정을 이곳에서도 느낄 수 있었다. 필기 노트를 공유하고, 스터디그룹을 만들어서 추가 학습을 하고, 또 보강 수업이 제공될 때는 끝없는 질문들이 이어졌다. 간단히 외우면 될 것 같은 문제들도 계속 파고들었다. 주입식 교육에 익숙해진 나에겐 하나의 원리가 온전히 이해될 때까지 묻는 태도가 낯설기도 하였다.

해외 유학이 처음인지라 다른 이들과 달리 나에겐 언어의 문제도 어려움을 더했다. 강의 자체의 흐름은 생각보다 괜찮았지만, 한국어로 이해하고 있는 전문용어가 영어로 바뀌자 한 번 더 생각해야만 했다. 그래서 아터(Otter)와 같이 말하면 자동으로 스크립트를 만들어주는 앱을 활용하며 강의 내용을 놓치지 않으려 노력했다. 녹음된 파일을 집에 와서 스크립트와 함께 다시 들으며 낯선 용어로 인해 순간적으로 놓친 부분들은 없는지 확인했다. 긴 시간의 강의를 다시 듣는 것은 매우 고단한 일이었다. 이렇게 나에게 복습은 자연스러운 일과가 되었고, 남들보다 배 이상의 노력을 해야만 했다.

강의실 모습

그렇게 승부욕에 불타는 330명이 경쟁하는 첫 시험 날이 왔다. 대학 시절 이후 밤잠을 줄여가며 하는 시험공부는 오랜만이라 새삼 낯선 기분이었다. 피곤함을 가중하는 것은 바로 복장이다. 옥스퍼드의 예복인 서브퍼스크(Sub-fusc)를 입어야 시험을 볼 수 있기 때문이다. 쪽잠에 지친 몸으로 억지로 셔츠를 입고, 재킷과 망토(?)를 걸치고, 또 하얀색 나비넥타이까지 착용하고 집을 나섰다. 여느 때와 같이 추적추적 내리는 가랑비를 맞으며 아침 일찍 시험 장소인 시험 센터(Examination School)로 향했다. 옥스퍼드에는 몇몇 필수 관광코스 및 유명 건물들이 있는데 그중 하나가 탄식의 다리(Bridge of Sigh)다. 전해 듣기로는 과거에는 시험 장소가 지금과는 달리 그

다리를 통과해야만 하는 위치의 건물이었고, 시험 날이면 그 다리 밑을 지나가는 학생들이 죄다 한숨을 쉬며 오갔다고 해서 이런 이름이 붙었단다. 1100년대부터 이어져 오는 이 대학의 역사를 생각하면 천 년 전 그들도 어김없이 시험 날에는 한숨부터 쉬었겠구나 하는 생각이 들었다. 나 역시 몽롱한 정신과 불편한 옷, 그리고 가끔 탄식처럼 나오는 한숨을 내쉬며 시험장으로 향했다.

탄식의 다리(Bridge of Sigh) 모습

시험시간이 되어 시험장으로 들어서니, 마치 영화 해리포터 시리즈의 한 장면같이 고풍스러운 문양과 그림들로 가득한 공간이 펼쳐졌다. 그 공간에 조금은 어울리지 않게 각자의 이름이 붙은 책상들과 노트북들이 가지런히 정렬되어 있었다. 옥스퍼드의 역사적인 공간에 직접 들어왔다는 생각에 그 순간만큼은 몰래 사진을 찍지 않을 수 없을 정도로 인상 깊은 모습이었다. 다들 시험을 앞두고도 몰래 셀카를 찍기 바쁠 정도였으니 말이다. 오래된 영국식 건물에 진행관의 목소리가 쩌렁쩌렁하게 울려 퍼지자 금세 엄숙해진 분위기 속에서 시험이 시작되었다. 첫 시험이 회계학이었는데, 회계학을 공부할 때 그 내용은 익숙했지만 영어로 된 용어와 개념 때문에 반복 학습을 해야만 했다. 그 결과 실제 시험은 무난하게 마무리 지을 수 있었다. 약 한 시간 반에 걸친 시험을 마치고 나오자 오랜만에 비도 그치고 하늘도 개어 있었다. 많은 학생들이 첫 시험 종료를 축하하기 위해 펍으로 달려갔다. 나에겐 두 번째 시험에 대한 부담감과 피로감으로 그런 에너지가 남아 있지 않았다. 눈에 띄지 않게 무리를 벗어나 집으로 돌아가, 이제 슬슬 지겨워지는 라면을 또 끓여 먹고 다음 시험을 대비했다.

실제 시험장 및 시험 당일 모습

공통시험으로 구성된 미클마스 학기와 달리 다음 학기인 힐러리와 트리니티 학기는 선택과목의 비중이 훨씬 높아진다. 학생들이 원하는 선택과목으로 자신의 스케줄을 확정하고, 특히 이를 결정짓기 위한 입찰 시스템(Bidding System)이 인상 깊었다. 국내 몇몇 대학의 경우도 도입된 시스템이라고 들어본 듯하나, 원하는 선택과목을 위한 입찰(?) 시스템은 처음이었다. AI, ESG, 재무회계 심화 편 등 약 20여 개 이상의 선택과목들이 구성되어 있었고, 학생들은 부여받은 공통 포인트를 원하는 과목에 적절히 배분했다. 이를 통해 신청자가 정원보다 많은 경우 더 높은 포인트를 입찰한 학생이 그 과목을 들을 수 있다. 치열한 눈치싸움과 심리전이 요구된다. 이런 방식으로 나머지 두 학기도 필수적으로 채워야 하는 학점 내에서 자신이 원하는 과목으로 시간표를 구성해 학습, 팀플, 과제 등을 하며 MBA의 학습 커리큘럼을 완성해 나간다. 나에겐 익숙한 객관식 시험은 첫 학기에만 치러졌고, 2학기부터는 보다 실용적이고 현실적인 부분이 강조되는 에세이나 PT(프레젠테이션) 등이 많아졌다.

당연한 이야기일 수 있으나, MBA 역시 정규 석사 과정이다. 그런 만큼 학생들의 학업에 대한 부담감과 노력도 여느 석사 과정 못지않게 요구된다. 특히 워낙 다양한 전공을 가진 학생들이 모이기 때문에 누군가에겐 쉬운 과목이 누군가에겐 처음 듣거나 낯선 분야일 수 있다는 점이 차이점이라고 할 수 있다. 예를 들어 회계사로 일하다 온 친구에겐 회계학 시험은 굳이 노력하지 않아도 되는 시험이겠지만, 변호사로 일하다 온 친구들에겐 낯선 분야일 수도 있다. 당시에는 혼돈의 장처럼 느껴졌으나, 지나고 보니 각기 다른 분야의 사람들이 한곳에 모여 같은 내용을 학습하고 시험으로 경쟁했던 흔치 않은 경험은 나에게 소중한 자산이 되었다.

MBA에선
학기 중에 취업한다

아침 일곱 시인데도 여전히 어둠이 거리를 짓누르는 영국의 1월이었다. 이제는 제법 몸에 익은 5평의 원룸 공간에서 정장을 입고 넥타이까지 맸다. 한 시간 뒤에 한국의 금융사와 화상 면접이 잡혀 있기 때문이다. 한국 시각으로는 오후 5시였다. 옥스퍼드 현지에서 진행된 한국 금융사의 채용설명회를 듣게 된 것이 계기가 되어 해외채용 과정에 정식 지원을 하였고, 서류전형 통과 이후 면접 일정이 정해졌다. 과거에 많은 대면 면접을 봤으나, 처음 해보는 화상 면접인 만큼 신경 써야 할 것이 많았다. 영상에 잘 나오게끔 자리를 세팅하고 지원 부서와 관련해 말할 소재들을 연습하였다.

나에게 면접이란 비슷한 옷을 입은 수백 명의 지원자가 한 건물에 모여, 면접장 앞에서 초조하게 기다리다 호명되는 것을 의미했다. 대학 시절 현대자동차 연구장학생으로 선발된 덕에 현대자동차로의 채용 전환은 확정되어 있었으나, 나는 다른 회사들에도 관심이 많아 여러 곳에 지원하였다. 이 과정에서 면접을 봤던 대부분의 회사들은 합격을 했었기에, 나에게 서류 통과 이후의 면접은 자신 있는 분야였다. 그러나 '해외 석 · 박사 채용 면접'이라는 단어가 주는 무게감은 달랐다. 학부생이 아닌 해외 석 · 박사를 대상으로 채용이 진행되었기에 무언가 수준 높은 답변을 해야 할 것 같았다. 며칠 동안 열심히 기업의 현황과 집중하고 있는 사업, 그리고 전반적인 정보를 익혔다.

침대를 제외하고 내 방의 유일한 가구인 식탁 겸 책상에 노트북을 세팅하고, 내 모습이 제일 잘 나오도록 최적의 각도(?)를 잡고, 양복을 입고 앉아 있자니 괜히 웃음이 나왔다. 열악한 내 집의 모습을 감추고자 미리 준비해 둔 사이드 비즈니스 스쿨의 로고가 담긴 이미지를 영상 배경으로 설정했다. 언뜻 봐서는 꽤나 근사한 환경에서 양복을 차려입고 면접에 임하는 사람처럼 보이기도 하였다. 그렇게 시작된 아홉 시간의 시차를 둔 첫 화상 면접은 약 한 시간 동안 진행되었고 만족스러운 느낌으로 마칠 수 있었다.

많은 MBA 학생들이 빠르면 학기 시작 전부터, 그리고 학기 중에는 더더욱 채용에 집중한다. 코로나 이후 화상 면접은 보편적 방식이 되었다. MBA 과정의 중요한 목적이 커리어 전환 또는 커리어 레벨업인 만큼 다시 취업준비생이 된 분들을 위한 화상 면접 팁들도 언급하고 넘어가고자 한다.

우선 화상 면접에 걸맞은 환경을 갖춰야 한다. 한국과 달리 네트워크가 너무나도 불안한 유럽 국가들의 특성을 고려해서 미리 안정적인 네트워크 환경을 세팅해 두어야 한다. 불안한 네트워크로 인해 면접 도중 화면이 끊기는 최악의 상황을 피하기 위해서라도 최대한 안정적인 접속 환경을 마련해야 한다. 나의 경우 옥스퍼드의 카페 같은 곳들이 오히려 와이파이 신호가 불안정했기에 집에서 사용하는 공용 와이파이를 선택했다. 학교 공간이나 카페는 주변 소음을 통제하기 쉽지 않고, 와이파이를 믿을 수 없었기에 집에서 면접을 진행하는 것이 더 낫다고 판단한 것이다.

면접 리허설 또한 중요하다. 면접 시 뒤 배경을 나와 같이 학교 로고가 있는 배경으로 사용하거나 일반적인 블랙 혹은 화이트 톤으로 정리해 시선이 분산되는 것을 막는 것을 추천한다. 면접관이 나를 바라보지 않고 다른 곳에 시선이 빼앗기지 않기 위한 방식이기도 하다. 말할 때는 카메라를 바라보고 하는 것이 중요하다. 화면에 나오는 내 얼굴에 나도 모르게 시선이 고정되는 경우가 있는데 자칫 면접관의 시선에서는 어색하게 보일 수도 있기 때문이다. 자연스러운 시선 처리를 위해 컴퓨터에 부착된 카메라를 응시하며 말하는 연습을 해보는 것이 좋다. 나의 경우는 줌으로 진행되는 화상 면접 전에 노트북 앞에 앉아 준비한 자기소개 멘트를 여러 번 녹화하고 모니터링하였다. 내 시선이나 목소리가 실제 컴퓨터 화면에서는 어떻게 보이는지 확인하면서 목소리 크기를 적절하게 감을 잡았고, 노트북 카메라 각도도 조정했다. 화상 면접에서는 아무래도 손동작이나 몸짓같은 비언어적인 부분이 잘 보이지 않기 때문에 카메라 세팅을 세심하게 해서 전반적으로 자연스러움을 더해주는 것이 중요하다.

그리고 직업군이나 상황에 따라 다를 수는 있겠지만 화상 면접이더라도 면접 복장만큼은 '제대로' 갖춰 입는 것이 좋다고 본다. 복장을 통해서 담당자들은 면접자의 태도를 확인할 수 있고, 더 좋은 인상을 받을 수 있다. 나와 화상 면접을 하였던 채용 담당자들은 처음 인사를 나눈 후 어색한 분위기를 풀기 위한 스몰토크를 할 때 항상 현재 영국의 시각이나 내가 면접 보는 공간이 어딘지, 그리고 복장에 관해서 묻는 경우가 많았다. 대부분은 "집에서 면접을 보시는데 일부러 넥타이를 매고, 정장 재킷을 입고 있냐"고 물었다. 자칫 투머치 하다고 볼 수도 있지만, 정중함의 표현이 준비가 덜 된 모습보다는 좋다고 생각한다. 내가 만난 면접관들도 대부분 정장 재킷을 벗고 편하게 면접을 보셔도 된다고 배려하긴 했지만, 나는 "이 소중한 면접 기회에 정장을 입고 임하는 것이 더 마음이 편하다."라고 너스레로 화답하곤 하였다. 화상 면접이더라도 나와 회사가 만나는 '첫인사'인 만큼 서로 예의를 갖추는 게 필요하고, 잘 갖추어진 복장을 통해 내가 얼마나 이 회사에 입사하기를 원하는지 어필하는 것도 좋은 준비 방법이다.

7장

결국
사람이었다

인생에서 가장 농밀했던 교류와 소통의 시간

옥스퍼드 행사 진행 사진

조별과제
: 처음 경험하는 다국적 협력의 시간

    팀플, 조별과제를 떠올리면 대다수 사람이 긍정적인 이미지보다는 부정적인 이미지를 떠올릴 것이다. 협업을 통해 공통의 결실을 보는 것이 마음처럼 되지 않는 일이니 말이다. 나 역시 학부 시절과 현대자동차 연구장학생 시절 팀플을 하며 여러모로 잊히지 않는 경험(?)을 하기도 했다. 하지만 MBA에서 하는 팀플은 아무래도 좀 다르지 않을까 하는 막연한 기대감이 있었다. 이들 대부분이 학업과 직장에서 성공적인 커리어를 쌓아왔던 만큼, 팀플이 보다 원활하게 진행될 것으로 기대했다. MBA 역시 학부 시절과 비슷하게 모든 학기에 팀 과제들을 준다. 그러나 그 규모는 상당히 달랐다. 팀 프로젝트 과제는 실제 기업에서 수행하고 있는 업무와 밀접하게 연관되어 있었고, 나아가 해당 회사의 임원이 직접 와서 평가하고 전체 진행에 참여하기도 한다. 첫 학기(Michaelmas)와 둘째 학기(Hilary)에는 학교에서 랜덤하게 정해주는 팀원들과 팀이 되어 수행한다. 정리하면 첫 학기에는 6개의 필수과목과 하나의 팀플, 두 번째 학기엔 2개의 필수과목과 4개의 선택과목, 그리고 하나의 팀플을 모두 패스해야 이수학점을 채울 수 있다. 그리고 마지막 학기(Trinity)는 모두 선택과목으로 시간표를 구성하는 만큼, 추가로 요구되는 팀플 과제 역시 학생들이 자발적으로 팀을 구성해서 진행해야 한다.

결론부터 말하자면, 팀플은 팀플이다. 다시 말해, 사람이 모여 공동의 과업을 수행하는 일에는 일정한 스트레스가 동반된다. 아무리 똑똑하고 경험 많은 사람들이 모여도 마찬가지다. 첫 번째 팀플은 글로벌 전기차 레이싱 대회 포뮬러 E(Formula E)의 운영 효율화 방안을 찾는 것이었다. 팀원은 회계 업무를 하다 온 인도인, 수학자였던 체코인, 테크 기반의 멕시코인, 나와 비슷하게 금융 회사에서 리스크 관리 업무를 하다 온 대만인을 포함 총 다섯 명으로 구성되었다. 첫 만남부터 난관이었다. 통상 빚어지는 적극적인 사람과 되도록 얹혀 가려는 사람 간의 눈치싸움이 아니라, 쉴 새 없이 말하는 인도인 친구의 발음을 도통 알아듣기 어려웠다는 점에서 말이다. 유학을 떠나오기 전 걱정했던 것보다는 언어적인 부분에서 큰 어려움 없이 적응해나가고 있었음에도, 강력한(?) 인도 악센트는 극복하기 어려운 난관이었다. 서로 인사하는 순간부터 앞으로 어떤 역할을 할지 많은 이야기가 오가는데 인도 친구가 말할 때마다 미간에 힘을 준 채 초집중을 할 수밖에 없었다. 다른 체코, 멕시코 친구들은 그럭저럭 소통하는 것 같은데, 나와 대만 친구만 당혹스러움을 애써 감춰야 했다. 가장 고통스러웠던 건 MC(?)를 자처하며 회의를 주도하려는 인도 친구가 여러 이야기를 하다 나를 콕 짚어 질문할 때다. 인류애적인 끄덕임과 호응을 어떻게든 이어가며 그녀의 말을 최소 절반 이상은 이해해 보려는 나에게 갑자기 질문이 닥치면 등에서 식은땀부터 났으니 말이다. 이렇게 내 대망의 MBA 첫 팀플은 시작부터 쉽지 않을 것임을 예견했다.

그녀의 눈과 표정으로 뜻을 유추하고 어느 정도의 경험치가 쌓이자 그녀의 이야기를 조금 더 잘 이해하게 됐지만, 이제 또 다른 문제가 나를 괴롭혔다. 바로 시간 관리이다. 계획적인 걸 좋아하는, MBTI가 ESTJ인 나에게 시간 약속은 매우 중요하다. 그런데 그녀는 일주일에 최소 2번 정도 약속된

회의에 단 한 번도 제시간에 나타나지 않았다. 그녀가 리더 역할을 자처했고, 나 또한 재무적인 역량이 부족했기에 팀은 회계 경력인인 그녀의 리더십이 필요했다. 그러나 그녀는 매번 집주인이 집을 보러온다, 중고 거래를 하러 간다, 점심 미팅이 딜레이 됐다는 등 갖은 이유로 항상 30분 이상씩 늦었다. 팀 프로젝트 내용 자체의 스트레스보다 나에겐 이런 사소한 부분이 더 큰 스트레스로 쌓여 갔지만 어쩌겠는가. 그녀의 언어도 잘 못 알아듣고 뚜렷한 대안도 없었다. 직장 상사 비위를 맞추듯 참고 또 참을 수밖에.

팀플은 삐걱거렸지만 어찌해서 종착역까지는 왔다. 열심히 만든 PPT 장표와 발표 분량들을 나눠서 최종 리허설을 하고(물론 그녀는 그날도 늦었다), 포뮬러 E 관계자 앞에서 최종 발표를 마칠 수 있었다. 그리고 아름다운 마무리를 위해 우리는 근처 펍으로 향했고, 낮 맥주를 한 잔씩 하며 그간의 히스토리를 서로 풀어나갔다. 나 역시 그녀에게 농담 반 진담 반으로 내 인생에 너만큼 날 기다리게 한 사람은 없었다는 농담도 전했다. 그래도 서로 다른 국적을 가진 사람끼리 큰 분쟁 없이 무사히 첫 조별과제를 마친 것을 자축했다. 몇 달 후, 우리는 생각보다 높은 평가 점수를 받았고 무사히 학점을 이수할 수 있음에 안도했다.

회사에는 참 많은 TF, 태스크포스(Task Force)팀들이 꾸려진다. 특정한 목적을 위해 각기 다른 부서의 사람들이 한 그룹으로 모여 일을 해나간다. 이러한 TF도 어떻게 보면 많은 사람들이 학부 시절 해봤던 팀플과 다르지 않다. 아무리 정밀하게 조직되고 기풍이 뛰어난 회사도 다른 개성과 사유방식을 가진 구성원들이 모여 공통의 과제를 흔들림 없이 수행한다는 것은 결코 쉽지 않은 일이다. 협력과 협업에 관한 수많은 경영 관리 서적과 이론이 있는 것만 봐도 여러 사람을 공통의 목표를 위해 이끌어 가는 일의 어려움을 알 수 있다.

MBA는 궁극적으로는 한 분야, 한 조직의 리더가 될 자질을 길러주는 것을 목표로 한다. 이런 MBA에서 현실의 문제를 해결하기 위해 다양한 방식의 팀플, 회사로 치면 TF 조직들을 만들어 수행해 보는 것은 큰 의미가 있다. 진정한 리더가 되기 위해서는 한 그룹에서 좋은 팔로워(Follower)가 되어보는 것도 필요하다. 다양한 배경과 국적, 그리고 각자의 강점을 가진 이들이 자율적으로 리더와 팔로워 역할을 정하고 협력하는 과정은 리더의 자질을 갖추는 과정이기도 하다. 나에겐 유독 어려웠던 다국적 구성의 팀플이었지만, 글로벌 환경에서 하나의 그룹에 형성되었을 때 내가 어떤 역할을 할 수 있고 그 속에서 어떤 기여를 할 수 있는지를 미리 경험해 볼 수 있었다.

첫 조별과제 팀 단체 사진

EP
: 옥스퍼드 MBA 최장기간 팀플

EP(Entrepreneurship Project), 기업가정신 프로젝트 정도로 해석할 수 있는 이 팀플은, MBA 팀플 과제 중 가장 오랜 기간 진행되는 과제 중 하나이다. 학생들이 각자의 아이디어로 직접 창업을 해보는 것인데, 팀 선발 과정부터 매우 흥미로웠다. 자율적으로 팀을 구성해야 되기 때문에 MBA 친구들 간의 물밑 작업이 매우 활발했다. 힐러리와 트리니티 학기에 걸쳐 진행되는 프로젝트인 만큼 미클마스(1학기) 동안 지켜본 동기 중 나와 잘 맞거나 역량이 뛰어난 친구를 먼저 확보하기 위한 경쟁이 치열했다. 5명의 인원을 필수적으로 구성해야 했기에 인원이 충원되지 않는 경우 공식 채널에 자신의 아이디어를 게시하여 팀원을 모집한다.

이러한 팀 구성 과정도 어떻게 보면 MBA이기에 좀 더 의미가 있다고 본다. 실제 회사 생활을 하다 보면 아무리 역량이 뛰어나도 같이 한 팀으로 묶여 일을 하고 싶지 않은 사람들이 있다. 더구나 MBA는 구성원 개개인의 역량이 매우 다양하다. 그러니 사실 역량의 뛰어남 정도보다는 자연스레 태도(Attitude)나 그 사람의 성향이 더 중요하게 여겨지는 것이다. 글로벌 환경에서 치열한 삶을 살아온 이들 역시 비슷한 조건이라면, 자신과 결이 맞거나 성향이 좋은 친구들을 데려가려 한다. 이것만 보아도 국내든 해외든 비즈니스 환경에서 개인의 성향과 태도가 얼마나 중요한지를 알 수 있다.

이런 흐름이다 보니 자연스레 문화권으로 팀이 구성되는 경우가 많았다. 작업과 소통 방식의 결이 맞는 친구들과 일하는 것이 보다 편하다는 생각은 나만 가진 것이 아니었다. 나는 이전 회사에서 진행했었던 전기차 관련 신사업 아이템을 유럽에 맞게 새롭게 기획하는 아이디어를 가지고 있었고, 이를 기반으로 평소 나와 친분이 두텁던 두 명의 금융권 출신 중국계 친구를 섭외하였다. 그러자 이 친구들과 친한 두 명의 중국인 친구들이 함께 하나의 팀이 되자는 요청을 하였고, 자연스레 한국인 1명, 중국인 4명으로 구성된 매우 중국스러운 팀이 완성되었다.

서로 어느 정도 잘 알고 있었기에 소통과 일하는 방식에서는 크게 우려되는 바가 없었으나, 문제는 매우 본질적인 곳에서 터졌다. 바로 창업의 주제이다. 내가 제안했던 전기차 아이템의 경우 나와 친했던 두 명의 친구가 발전시켜 나가고 싶은 주제였다. 그러나 새롭게 영입된 한 친구의 아이템이 너무나도 강력했다. 그 강력한 무기의 근원은 바로 현실 자본이다. 그 친구의 집이 중국에서 굉장히 큰 의류 채널을 가지고 있고 생산 공장과 직원도 있다는 것이었다. 이 친구의 생각은 창업 주제가 꼭 완전히 새로울 필요는 없다는 것이었는데, 이것 역시 부인하기 어려웠다. 자신이 집안 사업의 일환으로 약 2년간 추진해 온 스포츠웨어 브랜드를 이번 팀플 과정인 EP를 통해서 발전시켜 나가고 싶다는 주장을 호소력 있게 하였다. 나의 아이디어는 완전히 새로운 접근과 기획을 유럽의 환경에 맞게 해나가야 했고, 그 친구가 제시한 스포츠웨어의 경우에는 실제 공장에서 생산되고 있는 제품에 기반하여 사업을 혁신하는 것을 주요 주제로 삼을 수 있었다. 오랜 논의 끝에 무형의 온라인 플랫폼 사업보다는 실제 제품이 있는, 보다 전통적인 사업을 직접 다뤄보자는 나의 물러섬으로 우리 팀의 EP 주제는 레깅스를 주력으로 하는 스포츠웨어 브랜드가 되었다(나의 주제를 포기한 대신 나중에 남성용 레깅스라도 달라는 농담 섞인 조건으로).

　주제 제출도 기한이 있었기에 간략한 아이디어 소개와 주제를 학교 측에 제출하면서, 우리 팀의 EP 대장정은 시작되었다. 앞서 언급했던 팀플의 고통 중 가장 큰 부분이었던 시간 약속과 관련한 부분만큼은 확실히 문제가 없었다. 아시안의 특성(?)인지 그 누구도 회의 시간을 어기는 법이 없었다(결석이 잦은 경우는 있어도). 슬슬 학기의 중후반부로 넘어가면서 모두 자신의 다음 커리어와 관련된 활동이 더 중요해졌기에 팀플에만 매달리는 것은 무리였다. 그럼에도 현실 자본을 가진 중국인 친구의 리더십과 현지에서 실제 사업을 진행하고 있는 직원의 도움 등도 받아가며 현재의 브랜드를 해외로 수출하는 방안, 특히 유럽 시장에 진출하기 위한 전략들을 세워나갔다. 브랜드 포지셔닝, 다시 말해 이 브랜드가 타사 브랜드들과 견주었을 때 어디에 위치해야 하는지 결정하고 브랜드 아이덴티티도 보다 명확히 해나갔다. 아무래도 중국에 공장이 있는 만큼 싼 노동력과 대량 생산이 빠른 사이클로 가능하다는 점이 강점이었다. 이를 기반으로 신소재를 활용한 품질 개선과 가격 경쟁력을 제품 강점으로 잡아나갔고, 나의 전 직장에서의 경험을 바탕으로 판매 플랫폼 채널에서의 AI 솔루션 기반 마케팅 방식들을 구상해 나갔다.

EP 프로젝트 소개 사진

첫 중간발표가 있는 날이다. 그동안 준비된 사항들을 EP 전담 외부 강사님과 다른 팀 친구들에 발표하고 서로의 아이디어에 대한 피드백을 주고받는 시간이다. 생각보다 많은 질문들이 쏟아졌고, 예의를 갖춘 표현 속에 꽤 날카로운 질문들도 있었다. 실제 제품의 퀄리티나 소재가 차별성이 있는가, 수출에 따른 관세 또한 고려했을 때 경쟁사 대비 가격 경쟁력이 있는가, 마케팅 채널을 구축하더라도 직접적인 홍보 수단이 있는가 등 각 분야에서 많은 일을 해본 친구들답게 깊이(Depth) 있는 질문들이 이어졌다. 조금씩 진땀이 나긴 했지만, 팀원들이 돌아가며 자기 의견과 반론을 펼쳐 나갔다. 이러한 피드백들이 서로의 감정을 건들지 않으면서 잘 이루어지는 것을 보면서 새삼 MBA의 비즈니스 트레이닝이 유의미하다는 점을 느낄 수 있었다.

이렇게 두 번의 중간 점검을 통해 프로젝트 내용의 방향성을 잡아갔다. 최종 발표 장표를 만들기까지 최소 주 2회의 팀 모임과 외부 강사의 피드백이 지속해서 이루어졌고, 보다 구체적인 숫자와 전략이 장표에 담겼다. 그렇게 대망의 최종 발표 날, 교수님들과 관련 강사님들이 자리한 가운데 최종 프레젠테이션(PT)을 진행하였다. 나 역시 내가 담당한 부분의 실수가 없도록 특히 조심하였고, 개인 과제보다도 더 큰 부담감을 느꼈다. 팀원 모두 각자의 파트를 잘 소화하였고 이후의 질의응답 역시 예상했던 질문들이 나왔기에 안정적으로 대답할 수 있었다. 오랜 시험이 끝난 것 같은 해방감을 느끼며 이제는 꽤 정이 들어버린 내 중국인 친구들과 기념사진을 촬영하고 곧장 펍으로 달려갔다. 우중충한 옥스퍼드의 흔한 날씨였지만 야외 테라스에서 맥주를 마시며 그동안의 에피소드를 웃으며 추억하고, 결국 잘 끝냈다는 자화자찬을 이어갔다.

EP팀(Rexing) 소개 사진

포멀 디너
: 옥스퍼드만의 네트워킹

포멀 디너(Formal Dinner), 영어 그대로 해석하자면 격식 있는 저녁, 정찬쯤 되겠다. 옥스퍼드와 캠브리지의 독특한 문화라고도 생각되는데, 칼리지마다 소속 학생들이 다른 칼리지의 사람이나 외부인들을 초대해서 진행하는 저녁 정찬 행사가 진행된다. 반드시 칼리지 학생인 호스트(Host)가 예약하고 예정된 시간에 게스트와 함께 입장해야 한다. 칼리지마다 정도의 차이는 있으나 복장에 대한 규제도 엄격한 편이다. 포멀 디너라는 명칭에 맞게 포멀한 정장을 착용해야 입장이 가능하고 구두와 넥타이, 재킷 등이 필수다. 주당 많게는 세 번, 적게는 한 번의 포멀 디너가 열리곤 하는데 대부분 3코스 식사(3-Course Meal, 전채, 메인요리, 디저트로 이루어짐)가 제공된다. 또, 칼리지마다 술을 제공하는 곳도 있고, 음식 스타일도 다르다. 포멀 디너는 공짜가 아니다. 가격 역시 칼리지마다 다양한데 술이 제공되는 칼리지 같은 경우는 가격이 좀 더 비싼 편이다. 내가 속한 세인트캐서린 칼리지(St.Catherine College)의 경우 1명당 약 25파운드 정도의 가격이었고, 게스트는 2명까지 초대할 수 있었다. 그러니 호스트가 3명의 비용을 내면 초대한 게스트와 포멀 디너를 진행할 수 있다. 비용을 참석자가 분담하는 경우도 있고, 지난 번에 초대를 받았다면 다음번엔 상대를 초대해서 대접을 주고받는 경우도 많았다. 나 역시 MBA 친구가 포멀 디너를 초대해 주어서 저녁을 먹게 되면 나의 칼리지 포멀에 초대하거나 하였는데, 당시 내 칼리지의 경우 내부 공사가 계속 진행되어 포멀 디너가 열리지 않는 경우가 많았다. 그래서 보통 함께 즐길 만한 와인을 한 병 사서 포멀 디너를 함께 진행하는 친구들과 먹는 식으로 호스트에게 예의를 표했다.

세인트캐서린 칼리지 및 와인과 함께하는 포멀 디너

매번 다른 칼리지의 건물과 그 식당 각각의 분위기를 느끼는 것은 매우 만족스러웠다. 비슷한 듯 서로 다른 건물의 인테리어와 고풍스러운 장식이 채워진 유서 깊은 장소에서 식사하는 것은 독특한 체험이었다. 식당은 보통 길게 줄지어 선 일반 테이블과 가장 상석(메인 공간 가장 앞쪽)에 조금 더 높은 단상으로 위치한 하이 테이블(High Table)로 구성된다. 하이 테이블은 보통 교수님들이나 높은 위치의 분들이 식사하는 장소이다. 영화 〈해리포터〉 시리즈의 식사 장면과 얼추 비슷한 느낌이다. 식사가 시작되기 전 하이 테이블 멤버들이 입장할 때면 식당의 모든 인원이 자리에서 일어나 그들이 하이 테이블에 위치할 때까지 기다린다. 그리고 그날 행사를 주관하시는 분의 연설, 이벤트 관련 축하 멘트, 기도 등을 진행하며 포멀 디너는 시작된다. 애 피타이저부터 차례로 서빙되고 보통 한 시간 반 정도 전체 식사가 진행된다. 그 이후에는 칼리지 바(bar)로 이동하여 자연스럽게 네트워킹을 이어나가기도 한다. 물론 포멀 디너 시작 전에도 사전 이벤트나 웰컴 세션 등이 마련되어 가벼운 샴페인 한 잔을 마시며 사전 네트워킹을 진행하는 것이 일반적이다.

이런 옥스퍼드, 캠브리지만의 포멀 디너 문화를 상세히 소개한 이유는 그들의 문화와 전통이 인상 깊었던 이유도 있지만, 학생들이 어린 시절부터 이러한 네트워킹과 소셜한 문화를 배우며 성장하는 것이 의미 있다고 생각했기 때문이다. 옥스브리지(Oxbridge)의 칼리지 제도에 따라 전공이 다른 학생들이 하나의 칼리지 소속으로 묶이듯, 포멀 디너도 서로 다른 칼리지의 사람들과 교류하며 학문적인 영역 외에도 세계관과 생각의 폭을 넓혀갈 수 있다고 본다. 실제로 포멀 디너를 할 때면 주변 테이블에 앉은 사람과도 자연스럽게 서로 인사를 나누고 교류할 수 있었다. 또 학부생이나 석 · 박사(Postgraduate)만을 대상으로 한 포멀 디너가 진행될 때도 있는데, 그때마다 분위기가 달랐던 것도 흥미로웠다. 학부생들이 모인 메인 홀은 천진난만함과 시끌벅적함으로 가득 찼다. 포멀한 복장으로 옥스퍼드의 전통 방식에 따라 식사하면서도 어린 학생들답게 순수한 열정으로 서로를 알아가며 친해지는 모습을 보면서 참 좋은 전통이라는 생각이 들었다.

한국의 고등학교는 학생을 문과와 이과로 분류한다. 특히 내가 다녔던 부산외국어고등학교의 경우 1개의 반만이 이과로 구성되어 별도로 운영되기도 하였다. 그리고 대학을 가면 전공과 학과 생활에 대부분의 시간을 투자하는 것이 일반적이다. 그렇다 보니 자신의 삶의 방향도 대부분 같은 전공의 학생들과 소통하게 된다. 물론 이러한 흐름이 잘못된 것은 아니나, 다양한 분야의 사람과 소통하며 삶의 방향성을 고민할 기회는 상대적으로 줄어든다. 옥스퍼드의 독특한 칼리지 시스템과 이를 활용한 포멀디너와 같은 네트워킹 문화는 통섭과 융합이라는 측면에서 긍정적이다. 내가 생각하는 것만이 정답이 아님을, 다른 사람의 삶의 분야를 살피고 또 열린 대화를 통해서 배우는 것은 가치관 형성기에 있는 어린 친구들에게 좋은 기회다.

물론 포멀 디너의 대부분 음식은 특히 나와 같은 한국 아재에겐 맞지 않았다. 새로운 친구도 만들고 와인도 곁들이며 시끌벅적한 포멀 디너를 마치고 집에 돌아오면 언제나 라면 물부터 올리곤 했지만, 옥스퍼드의 네트워킹과 관련한 좋은 문화로 오래도록 기억에 남을 듯하다. 전공이나 삶의 방향, 국적이 다른 이들이 하나의 사회에 모여 그 전통을 따르면서 자유롭게 소통하고 서로 배워나가는 이 문화는 다양성을 존중하자는 허울 좋은 구호보다 울림이 컸다. 천 년 가까이 축적된 문화의 힘이 아닌가 싶다.

학기 초 포멀 디너

CDC
: 옥스퍼드 MBA만의 취업지원센터

커리어 개발 센터(Career Development Center, 이후 CDC), 쉽게 말해서 한국의 대학들에서 운영하는 취업지원센터 같은 존재이다. 사이드 비즈니스 스쿨에서도 커리어 개발과 관련된 조직이 매우 중요한 부서 중 하나이다. MBA를 선택하는 주요한 이유 중 하나가 커리어를 바꾸거나 발전시켜 나가기 위함이기 때문이다. 그런 만큼 굉장히 다양한 취업 지원 활동과 학생의 커리어 발전을 위한 과정들이 준비되어 있다. 첫 학기를 마치고 여러 가지 이유(결혼, 삶의 안정성, 워라밸 등)로 한국으로 귀국을 결정했기에, 옥스퍼드 CDC 프로그램에 모두 참여하지는 않았다. 그러나 적어도 최소 두 가지 프로그램에는 관심이 가서 커리어 센터를 방문하곤 했다.

첫째로, CV나 Personal Statement, 그리고 인터뷰 등 취업 과정에 필요한 부분들을 점검 및 지원하는 프로그램이다. 각 분야별(Tech, Finance, Global Industry 등) 담당 직원들이 관련 분야에 취업을 희망하는 학생들의 전반적인 취업 과정을 상담해 주거나, 필요한 지원을 했다. 그리고 학기 초기에는 대대적인 취업 상담을 진행하여 학생들이 희망하는 커리어 방향을 조사하면서 자연스레 담당자를 알려주고 매칭해 주는 방식이 인상 깊었다.

330명의 대규모 MBA 정원 모두를 한곳에 모아 운영하기는 어렵기에,

MBA 과정은 총 A, B, C, D 이렇게 네 개의 반으로 운영되었다. 내가 속한 A반의 커리어 탐색 시간이 되자 정원 모두를 중강당에 모아 각자가 원하는 커리어 영역과 상담 시간에 자신의 이름을 적게 하였다. 나 역시 고민 끝에 글로벌 인더스트리(Global Industry), 부연하자면 기술 기반 기업이나 컨설팅 부문 외에 전 세계적으로 사업을 운영하는 GE, Johnson & Johnson 같은 글로벌 기업들의 현황을 알아보고자 내 이름을 적었다. 면담은 20분씩 진행되었고, 같은 시간대를 선택한 6명 학생이 다 같이 강의실로 들어섰다. 분야별로 배치된 담당자들의 책상이 보였고, 각자 희망했던 분야의 담당자와 면담을 시작했다. 한국에서 본 단체 미팅 진행과 엇비슷하다 할까? 진행자가 작은 종을 치자 일제히 담당자와 인사를 하고 상담이 시끌벅적하게 진행되었다. 나 역시 우리 어머니와 비슷한 연배로 보이는 백발의 담당자와 인사를 나누고 상담을 시작했다. 간단하게 내 소개와 내가 쌓아온 커리어 그리고 MBA를 통해서 어떤 분야로 나아가보고 싶은지 이야기했다.

첫 상담에 기대가 컸을까? 취업을 어떻게 할지, 어떤 분야로 가려면 이런 걸 참고하라는 디테일한 내용을 상담받는 것이 아니라, 더욱 확실히 몇 개의 기업을 추려서 추가로 상담 신청을 하라는 답변이 돌아왔다. 이제 겨우 시차가 맞아가는 나에게 다시금 내 사전 준비가 부족했음이 느껴지기도 했다. 이미 열심히 인터뷰를 보거나 관심 기업에 열심히 콜드메일(Cold-mail, 수신인과 사전 관계가 없는 상태에서 메일을 보내는 것을 의미)을 보내는 학생들이 있음을 생각해보면, 아직 구체화되지 않은 커리어 방향까지 세세하게 학교가 잡아주길 바란 것은 막연한 기대일 뿐이었다. 그렇게 정신없던 커리어센터와의 첫 20분의 상담이 끝이 났다.

첫 학기가 시작된 지 한 달쯤 지나 첫 상담에서 얻은 조언대로 커리어센터 예약시스템을 통해 희망 분야의 담당자와 면담을 예약했다. 몇 개의 관심 기업들을 생각해 둔 만큼, 이에 맞는 부문의 담당자에게 전반적인 CV 검토와 향후 준비사항에 대한 면담을 요청한다고 기재하고 예약하였다. 일주일 후, 핀테크와 모빌리티 분야를 담당하는 직원과 처음 찾아간 커리어 센터 사무실에서 일대일 면담을 진행할 수 있었다. 화려한 소개 문구와는 달리 생각보다 소박한 사무실을 가진 커리어 센터, 그 안에 들어서자 두 명이 들어가면 딱 맞을 것 같은 사이즈의 작은 회의실로 안내되었다. 이번에는 40대쯤으로 보이는 영국 악센트가 매우 강한 금발의 남자가 쾌활하게 나를 맞아주었다. 간단하게 스몰토크를 이어가다 내가 준비해 온 CV와 관심 기업 리스트를 그에게 보여주었다. 한동안 내 이력을 살펴보던 그는 기업들의 채용 일정들에 대해 간략하게 이야기하다가, 내 CV 자체에 대한 조언보다는 필요하다면 관련 기업에 있는 졸업생들을 연결해 주겠다는 말을 해주었다. 그들을 통해 보다 상세한 이야기를 듣고 해당 포지션이 열리는지에 대해 문의하라는 것이었다. MBA를 위해 급하게 쓴 CV가 취업용으로도 적합할지에 대한 디테일한 조언을 듣고 싶었던 나에겐 조금 결이 맞지 않는 조언들이었고, 약 40분 정도의 일대일 면담은 그렇게 아쉬움을 남긴 채 끝이 났다.

그 이후로는 딱히 커리어센터 자체를 방문하지 않았다. 역시 내 살길은 내가 직접 발로 찾아야 한다는 당연한 진리(?)를 다시금 깨달았다. 이는 물론 나의 해외 취업에 대한 준비 단계가 충분하지 못했기 때문이다. 해외 취업에 필요한 기본적인 부분들이 준비된 사람이라면, 커리어센터를 통해 관련 분야 졸업생을 연결받는 단계가 매우 큰 도움이 될 수 있었을 것이다. 물론 기초적인 취업 준비와 관련된 강좌들도 많이 열렸다. 인터뷰 준비하는 법, CV 작성하는 법, 링크드인(LinkedIn) 활용법 등 공통적인 취업 전반의 과정에 필요한 클래스가 열리기도 하였다. 이러한 공통 영역의 강좌에 참여하는 것 자체는 일반적인 해외 취업 역량을 키우는 데 도움이 되었다.

둘째로, 여러 기업의 채용 소식 알림과 채용지원 연계 프로그램이다. 학교 시스템에는 기업들의 채용 사항이 있을 때마다 그 정보가 업데이트되었다. 채용 직무와 대우 등이 나와 있고, 어떤 기업은 예상 연봉 정도가 공개되어 있었다. MBB(McKinsey & Company, Boston Consulting Group, Bain & Company)와 같이 MBA 학생 1/3 정도가 관심을 보이는 컨설팅 부문의 채용 알림이 뜰 때는 클래스 전체가 시끌벅적해졌다. 학생들이 자체적으로 스터디그룹을 구성해서 Personal Statement나 CV를 작성해 나갔다.

그리고 구글과 같은 선호도 TOP 3 기업의 경우 실제 졸업생들의 학교 방문이 인상 깊었다. 향후 있을 채용 계획과 어떤 인재상을 찾고 있는지에 대해 구글에 근무하는 졸업생들이 학교에 와서 세션을 열기도 했다. 과거 현대자동차에 취업한 이후 학부 친구들에게 회사에 대한 소개와 채용과 관련 팁을 조언하는 시간을 가진 적이 있는데, MBA도 마찬가지로 자신이 원하는 기업에 먼저 진출한 선배의 이야기를 하나라도 더 듣고자 하는 열정이 넘쳐났다. 세션이 끝나면 다들 구름처럼 몰려들어 졸업생들에게 자신을 알리고 개인적인 연락처를 얻으려 했다. 세계 어디든 자신이 원하는 커리어를 만들고 관련 기업을 가기 위해 노력하는 이들의 모습은 그 자체로 가치 있다는 생각이 들었다.

회사 생활을 중단하고 해외 유학을 하면서 얻을 수 있는 것은 여러 가지가 있지만, 나에게 조금씩 잊혀가던 지난날을 돌아보게 한 것도 의미가 있었다. 이제 일상이 되어서, 습관처럼 흔해져서, 조직 생활에 매몰되면서 차츰 흐려졌던 기억들이 유학을 계기로 선명하게 되살아나곤 했다. 이제는 당연시하는 그 흔해짐을 위해 고민하고 열정을 불태웠던 순간들을 돌아볼 수 있는 기회이기도 하였다. 현대자동차와 KB국민카드 이외에도 IBK기업은행, DB손해보험, KB국민은행, 한화생명 등의 기업에 입사 기회를 얻었기에 신입사원 연수를 여러 곳에서 받을 수 있었다. 이 과정에서 어느 정도 남들보다 한국 기업들의 다양한 직무 분야를 직간접적으로 경험했다. 하지만 늘 느끼는 것은 직무 분야나 회사는 달라져도 '처음' 시작이라는 것은 늘 가슴 뛰는 여정이라는 것이다. 한동안 잊었던 그 첫 시작의 열정과 설렘을 이곳 옥스퍼드의 동기들을 보며 다시 느낄 수 있었다. 이곳에서 자신을 성장시키기 위해 밤을 새우고 집요하게 노력하는 동기들을 보며 조금은 시들해졌던 지난날의 열망과 열정이 다시 살아나곤 했기 때문이다.

MBAT & MBA Trek
: 운동과 여행을 통한 교류

한국 교육제도의 문제점 중 하나로 자주 거론되는 것이 바로 신체 활동, 즉 체육, 스포츠에 관한 부분이다. 학생들이 학업에만 몰두할 뿐 적절한 신체 활동을 하지 않는다는 것이다. 고3에 가까워질수록 체육 시간을 자습으로 대체하는 학교가 많다. 이와 대비되는 미국과 유럽의 교육 사례가 국내에 자주 소개되었다. 특히 기억에 남는 것이 과거 KBS에서 방영했던 〈하버드 대학의 운동 벌레들〉이라는 다큐멘터리였다. 하버드 대학교 와이드너(Widener) 도서관에 얽힌 일화가 소개되기도 하였는데, 타이타닉호 사건으로 희생된 학생의 어머니가 기증했던 이 도서관은 하버드 학생의 졸업 자격으로 반드시 1.6km 이상 수영을 할 수 있어야 한다는 조건을 걸었다. 훗날 사라진 조항이라곤 하나 하버드의 다양한 클럽 활동과 운동에 대한 강조를 보여주는 유명한 일화이다. 지식과 사유 능력만이 아닌 운동을 삶과 교육의 필수 요소로 강조하는 것이다. 나 역시 어릴 때부터 해외 유학에 대해 가졌던 이미지는 멋진 강의실에서 공부하는 모습뿐만이 아니라 미식축구팀 선수로 드넓은 잔디밭을 달리는 장면들이었다. 옥스퍼드에서도 항상 체육 활동이 강조된다. 옥스퍼드는 하버드와 비슷하게 조정(Rowing)이 유명했는데, 칼리지마다 조정 대회 수상 트로피가 자랑스럽게 전시되곤 하였다.

유럽의 MBA에는 매우 독특한 연합체육 전통이 있다. 이름은 MBAT(MBA Tournament)이다. 'MBA 올림픽'이라는 별칭으로 불릴 만큼 큰 규모를 자랑하는 체육 이벤트다. MBAT은 MBA의 대표적인 교외 활동 중 하나로, 매년 프랑스 파리의 HEC라는 학교에서 개최된다. 캠브리지와 옥스퍼드, 노트르담, IE 등 유럽 유수의 학교들이 참가하는 연합 네트워킹 행사다. MBAT에선 30여 가지의 종목에서 학교 대항전이 이뤄진다. 축구, 농구, 배드민턴 등을 비롯해 온라인 게임까지 종목이 매우 다양하다. 참가 학생들은 학교의 명예를 걸고 대회에 임하며, 순위에 따라 시상도 진행한다.

나 역시 학교 대표로 선발되기 위해 스쿼시 훈련을 했다. 처음부터 MBAT 출전을 생각한 것은 아니었다. 나를 이끈 동기는 말레이시아 출신의 카이(Kai)였다. 카이는 바짝 민 옆머리와 짧은 윗머리의 스포츠 머리 스타일을 한, 선한 눈망울이 인상 깊은 친구였다. 말레이시아에서 왔다는 말을 하지 않았다면 몰랐을 만큼 나와 피부색이나 생김새도 비슷했다. 평소 진중한 모습만 보이던 그가 어느 펍에서 브레이크 댄스를 그 누구보다 진지하게 추고 있는 모습을 우연히 보았고, 다음번 그를 다시 만났을 때 이에 대해 농담 섞인 칭찬을 하자 한없이 밝은 얼굴로 활짝 웃어주었다. 칭찬의 힘인지, 평소 커리어에 대한 이야기만 가끔 해오던 그가 대뜸 할 줄 아는 운동이 있냐고 물어보았다. 운동 신경이 딱히 없는 편이기에 머쓱한 웃음으로 대답을 대신하려다 그의 댄스를 보고 내적인 친밀감이 생긴 탓인지, 그나마 할 수 있는 운동을 열거했다. 흥미롭게도 카이와 나 모두 자신 있어 하는 운동이 바로 스쿼시였다.

그는 MBAT에 참여할 팀을 꾸리고 있었다. 그는 주말에 4명의 다른 친구들과 함께 실력을 한번 보자고 제안했다. 카이가 빌린 칼리지의 스쿼시장으로 하나밖에 없는 운동복을 입고 집을 나섰다. 모범생 이미지답게 단정한 무채색 운동복을 입고 미리 코트에서 몸을 풀고 있는 그를 보자 괜스레 웃음이 나왔다. 회사 사람들과 가끔 볼링이나 스크린 야구만 하던 내가 한국과 14시간 떨어진 옥스퍼드의 스쿼시 연습장에서 말레이시아 친구와 몸을 풀고 있는 것이 조금은 비현실적으로 다가왔기 때문이다. 카이와 나 외에 4명의 친구가 왔고, 그중 둘은 구면이었다. 가볍게 서로의 소개를 마치고 본격적으로 MBAT 출전권 두 장을 두고 경쟁 아닌 경쟁을 시작하였다. 어린 시절 아버지와 유일하게 오랜 시간 즐겼던 운동이 스쿼시였던 만큼, 다행히 내 근육은 동작들을 기억하고 있었다. 카이와 내가 이 중에선 발군임이 확인되었다. 오랜만에 하는 운동에 온몸은 금방 땀범벅이 되었고, 다들 가져온 수건으로 연신 땀을 닦고 물을 마셔가며 두 시간가량의 연습을 마쳤다.

우리는 수분을 보충한다는 명목으로 옥스퍼드에서 가장 오래된 펍 중 하나인 킹스암(King's Arm)으로 향했다. 우리는 마치 어린 시절 놀이터에서 한참을 뛰놀다 머리카락에 땀방울을 주렁주렁 매단 채 아이스크림을 사 먹던 아이들처럼 시원하게 맥주를 들이켰다. 운동은 34살의 나이에도 처음 보는 이들을 친구로 받아들이게 하였다. 향후 있을 MBAT 일정과 각자 참여하고자 하는 다른 종목에 관해 대화했는데, 그날 오후만큼은 평시의 영국 날씨와 달리 유달리 맑았던 날로 기억한다. 아쉽게도 추후에 생긴 내 일정 때문에 카이와 약속했던 스쿼시 대회에 참가하지 못하는 것은 물론 MBAT 자체를 가지 못했다. 아쉬움은 남았지만 메신저에 올라오는 현장 영상과 사진만 보아도 얼마나 많은 MBA 학생들이 행사에 열정적으로 참여하고 교류하고 있는지 느낄 수 있었다. 이처럼 MBAT은 단순한 학교 대항전을 뛰어넘는 체육 활동을 기반으로 한 새로운 방식의 교류 행사였다.

칼리지 스쿼시장에서의 연습 사진

사람을 만나는 건
하나의 세상이 오는 것이다

아주 오래 전 한 작가는 분단국가의 진짜 문제는 '생각의 영토'가 좁아지는 것이라고 표현했다. 사실상 섬과 같이 고립되어 열차를 타고 러시아를 거쳐 유럽의 청년들을 만나거나 중국을 거쳐 중앙아시아의 청년들을 만나며, 내가 사는 세상이 전부가 아니라는 것을 깨닫고 다른 이의 삶과 가치관을 체험할 기회가 극단적으로 적어진다는 것이다.

물론 이제 한국인은 그 어느 때보다 자주 해외로 나간다. 회사원도 주재원의 기회를 얻어 해외에서 근무하기도 하고, 많은 가정에서 자식을 유학 보내기도 한다. 연수제도나 자기계발 휴직 기간을 활용하여 해외로 나가 생활하는 일이 이제 더는 드물지 않다. 최근 들어 '세계관의 확장'이라는 표현이 자주 쓰인다. 원래 영화에서 구축한 세계관을 설명하기 위해 사용한 말인 것 같은데, 어느새 안목과 생각이 넓어지는 경험을 이렇게 표현하는 듯하다.

나 역시 영국에서 MBA를 하면서 새로운 경험과 사람들이 주는 새로운 자극으로 인해 세계관이 확장되고 있음을 느끼곤 했다. 그걸 어떻게 아냐면, 옛날의 나라면 결코 생각하지 못한 영역과 관점으로 생각하고 있는 나자신을 보며 과거의 낡은 나와 변해가는 나를 대비할 수 있었기 때문이다.

그런데 돌아보면, 결국 사람이었다. 해외에서 유학하는 경험만이 아니라 그 과정에서 만나는 사람들이 내게 전하는 그들의 언어와 경험이 내게는 새로운 세계로의 진입과 같았다. 특히 옥스퍼드 한인회에서의 활동은 이런 의미에서 나를 한 뼘 정도 더 자라게 했다. 한인회 활동 중 나의 세계관을 확장해준 경험 몇 가지를 소개한다. 물론 이것은 개인의 개별적 체험이지만, 해외 유학 생활을 통해 얻을 수 있는 또 다른 가치라고 생각하기 때문이다.

 옥스퍼드 한인회, OUKS(Oxford University Korean Society)는 1985년에 옥스퍼드 한국 학생의 결속과 교류를 위해 설립된 단체이다. 오랜 전통과 옥스퍼드라는 상징성을 겸비한 단체라 영국 내 한인 사회와도 많은 활동들을 함께 이어가고 있다. 나는 OUKS 활동을 통해 영국에 정착한 많은 한인분들은 물론, 각 분야의 석·박사 친구들을 만나볼 수 있었다. 나에게 사회생활이란 기본적으로 돈을 벌고 그 돈을 통해 안정을 얻는 과정이었는데, 이곳에서 만난 우수한 한인 학생들은 자신이 선택한 학문에서 뛰어난 업적을 남기기 위해 정진하고 있었다. 현실의 안정을 좇기보다는 자신이 지향하는 바를 성취하고자 현실의 불안함을 감내하며 학자의 길을 걸어가고 있었다. 그들과의 만남은 신선한 자극을 주었고, 나는 교류를 더 넓히기 위해 MBA 과정만큼이나 적극적으로 한인회 활동에 몰두했다.
 우선 미국 대학들과의 연합 온라인 세미나를 진행했던 경험을 소개한다. 옥스퍼드를 비롯하여 캠브리지, 콜롬비아, 코넬 대학의 한인회 임원들이 함께 주축이 되어 문과 분야 2명, 이과 분야 2명을 선정하여 학교당 1명씩 자신의 학문 분야를 소개하는 세미나를 개최하였다. 의욕 충만한 옥스퍼드 회장 친구가 더욱더 넓은 한인회 활동 교류를 위해 무려 대륙을 건넌 연결고리를 만들었고, 내가 그 진행을 맡게 된 것이다. 회사에서는 자주 발표도 하는 편이었고, 특히 코로나 시절에는 여러 회사와 줌으로 자주 미팅을 진행했음에도, 유독 이 영미 온라인 연합세미나만큼은 더 긴장되었다. 아무래도 나를 제외하곤 대부분 자신의 연구 분야가 확고한 박사 과정의 학자들이었기에 왠지 모를 부담감이 더해졌다. 영국과 미국의 약 50명가량의 한국 학생이 온라인 세미나에 참여하였고, 사전에 준비한 아이스 브레이킹을 통해 온라인상이지만 최대한 참가자들의 네트워킹을 도모하였다. 그리고 석·박사 대상의 세미나답게 자신의 연구 분야에 대해 20분가량 설명하고 질의응답을 진행하며 옥스퍼드 담당 사회자 역할을 마칠 수 있었다. 한국에 돌아와서도 당시 진행했던 온라인 세미나가 계기가 되어, 서울에서 100여 명 정도의 참가자를 모아 영미 학교 오프라인 교류 행사를 진행하게 되었다. 하나의 연결고리가 또 다른 연결고리를 낳았고, 회사와는 달리 아무런 이해관계가 없는 사람들을 이어주는 온·오프라인 모임을 추진하면서 MBA만큼이나 소중한 인연들이 자라났다.

영미연합 온라인 세미나 포스터

오프라인 영미연합세미나 주최 모습(서울)

둘째로는 영국 내 MBA 학생들의 교류를 만들어 낸 활동이 있었다. 앞서 말한 영미 연합 온라인 세미나를 진행할 때, 캠브리지 MBA 과정을 하고 있다는 형으로부터 별도의 메시지를 받았다. 같은 MBA 학생을 보게 돼서 반갑다는 것이다. 그리고 캠브리지에는 MBA 한국 학생이 3명밖에 없어서 상대적으로 교류의 기회가 적어서 아쉽다고 하였다. 형의 말을 듣고 영국에서 MBA 과정을 밟고 있는 한국인들 간의 네트워킹 자리를 마련하기로 하였다. 수소문 끝에 런던비즈니스 스쿨에 재학 중인 한국 분들과 연락이 닿았고, 옥스퍼드와 캠브리지 MBA를 포함 총 15명의 네트워킹 모임을 주최했다. 옥스퍼드와 캠브리지는 서로 반대편에 위치했지만, 런던까지는 동일하게 한 시간 정도가 소요되는 만큼 이 모임을 런던의 타워브리지 근처에서 진행하였다. 공기업에서 스폰서십을 지원받아 온 친구들부터, 나와 같이 대기업을 퇴사하고 온 친구, 벤처 회사를 운영하다 온 친구들까지 다양한 스토리를 가진 한국인 MBA 동지들을 만나면서 나의 세계관은 또 확장되어 나갔다. 그리고 뛰어난 커리어를 쌓고 있는 그들을 보며 그 열정 자체에 동기부여가 되기도 하였다.

셋째로, 다양한 행사에 참여할 기회가 생기며 나의 세계관은 확장되어 나갔다. 외교부 주최의 다양한 행사가 있을 때 학생들을 초빙하는 경우가 많았고, 아무래도 옥스퍼드 학생한인회는 자주 초청받는 단체 중 하나였다. 실제로 2023년 윤석열 대통령의 영국 국빈 방문 당시 옥스퍼드 학생한인회의 임원진이 대표로 참석하는 등 중요한 공식 행사와 자리에 참여하는 기회가 많았다. 나 역시 시기가 맞아 김진표 당시 국회의장의 영국 방문 행사에 초청받아 가볼 수 있었다. 행사장에서 영국 내 한국변호사협회, 의사협회, 간호사협회 등 수많은 멋진 커리어를 쌓아 가는 한인들과 만날 수 있었다. 여러 국가 행사와 대사관 관저 행사에도 초청받으며 각 협회의 회장분들과 기업인들을 자주 뵙고 교류하였다. 생생한 그들 삶의 스토리를 듣는 것만으로도 학부 시절의 꿈 많던 시절로 돌아간 듯한 두근거림을 오랜만에 느껴볼 수도 있었다. 1년이라는 짧은 기간이지만 내가 자라온 환경이 아닌 낯선 나라에서 자신의 입지를 구축하고 커리어를 개척해 나간다는 것이 얼마나 힘든 일인지 충분히 느낄 수 있었다. 국적과 인종을 넘어 순수한 역량과 노력으로 영국이라는 곳에서 자신의 길을 걸어가는 이들을 여러 행사를 통해 만나보며 나의 세계관은 보다 확장되었다.

대사관 관저 행사 및 국회의장 방문 행사 사진

이렇듯 내가 MBA와 병행하며 진행한 한인회 활동과 여러 교류 행사는 연쇄적으로 계속 이어져 궁극적으로는 옥스퍼드에서 진행된 한국 행사 중 가장 큰 규모의 행사를 개최하는 것으로 발전했다. 한국은행 런던사무소 소장님, 주영한국문화원장님, 또 한식당 'YORI' 대표님을 한 행사의 연사로 모실 수 있었다. 또한 주영한국문화원의 펀딩을 통해 전통 가야금 연주와 한국무용 공연 등을 섭외하여 더욱 행사를 다채롭게 만들어나갔다. 가장 중요했던 식사와 관련해서도 YORI 대표님의 흔쾌한 지원 덕분에 100여 명의 참가자가 마음껏 한식을 먹을 수 있었다. 연사분들 외에도 옥스퍼드에서 박사 과정을 진행 중이거나 곧 과정을 시작하는 신입생, 졸업 후에 멋진 커리어를 쌓아 가는 졸업생, 옥스퍼드 지역에서 의사로 일하는 친구 등 총 네 명을 섭외해서 대담회를 진행하기도 하였다. 이 행사를 위해 4개월가량 참석자를 모집하고 홍보물을 만들며 강연자와 학생들의 스케줄을 조정하는 등 회사 일보다 빡센(?) 시간을 보내기도 하였다. 마침내 영국 각지에서 모인 백여 명의 한인이 옥스퍼드까지 먼 길을 달려와서 한인들 간의 네트워킹을 키워내는 모습을 보며 보람을 느낄 수 있었다.

한국의 날 진행 사진들

영국에서 만난
한국인들

한국에서 33년을 살아온 내게 한인회 활동은 새로운 세상으로의 창이었다. 유럽의 낯선 나라에서 서로를 향한 순수한 뜻으로 만났던 많은 인연들은 앞으로도 많은 영향을 줄 것이다. 한인회 활동 중 내게 가장 큰 영향을 준 사람은 옥스퍼드의 정미령 교수님이다. 정 교수님을 처음 만난 것은 한인회 신입생 환영식에서였다. 교수님의 인자한 풍모는 옷차림만큼이나 단아했다. 한 길을 우직하게 걸어온 이들에게서 느껴지는 내가 가늠하기 힘든 깊이와 또 이를 쉽게 드러내지 않는 겸손한 태도가 내게는 어른의 모습 바로 그것이었다. 이후 한인회를 운영하면서 크고 작은 일들이 있을 때마다 교수님을 자주 찾아뵈었다. 교수님께서 좋아하시는 학생회관(Student Union)에서 페퍼민트나 다즐링 차를 마시며 한인회 일을 상의하거나 교수님께서 공부하시는 옛 지도와 관련된 이야기도 들을 수 있었다. "아직까지 내가 너무 모르는 게 많고, 또 공부할 게 무한하다는 것을 느껴." 여든에 가까운 연세에도 교수님은 여전히 꿈 많고 호기심 가득한 눈망울로 내게 이 옥스퍼드라는 도시가 얼마나 소중한 곳인지, 또 얼마나 귀중한 사료로 가득한지 흥분된 어조로 일러 주셨다.

교육심리학을 평생 연구하신 만큼, 인간의 성장과 바람직한 가치관의 형성 등에 대해서도 자주 얘기해 주셨다. 무엇보다도 주변의 평가나 흐름에 흔들리지 않고 내가 옳다고 믿는 것들을 잘 지켜나가는 것이 중요하다는 말씀을 자주 해주셨다. 당신께서 박사 학위 논문을 준비할 때는 전 세계가 IQ 테스트를 숭상하던 시대였다. 그 큰 물결을 거스르고 IQ 테스트의 모순성을 심도 있게 지적하고, 이 세상의 인구만큼이나 다를 수 있는 개인차를 근거로 인지의 능력을 평가해야 한다는 '인지의 자율성'을 제창하셨다(1985년). 그 결과 에든버러 박사 학위 구두시험장에서 옥스퍼드 시험관에게 전격 발탁되어 옥스퍼드 대학 교직으로 직행하셨다. 그리고 그 순간의 환희가 삶의 원동력이 되어 아직도 이 대학가를 떠나지 못하고 있다고 웃으며 말씀하시기도 하셨다. 물론 교수님의 깊이 있는 삶에는 비견할 수 없지만, 나 역시 일반적이지 않은 남과 다른 길을 걷는 것에 얼마나 많은 용기가 필요한지 아는 만큼 교수님과의 진솔한 대화는 늘 깊은 울림이 되었다.

Student Union에서 정미령 교수님과

옥스퍼드의 한국 학생들과도 많은 교류를 이어나갔다. 특히 같은 사이드 비즈니스 스쿨에서 박사 학위 과정을 진행 중이던 동갑내기 친구와는 둘도 없는 친구가 되었다. 친구는 뉴욕대학교에서 학사, 스탠퍼드에서 석사를 마치고 옥스퍼드에서 경영학 박사 과정을 진행 중인 수재였다. 소위 초엘리트 코스의 길을 걸어왔음에도 늘 겸손하고 진중했으며 매일매일 한 걸음씩 성실히 걸어갔다. 나와는 매우 다른 길을 걸어왔음에도 삶에 대한 방향성과 가치관에서 서로 공감할 수 있는 부분이 많았다. 나는 그의 삶이 흥미로웠고, 그는 나의 삶에 흥미를 느꼈다. 그는 언제나 젠체하지 않았으며 소탈하고 진솔했다. 훤칠한 키에 선한 인상을 가진 그가 보여준 박사생의 연구실은 생각보다 단출했다. 별다른 꾸밈도 없이 평범한 사무실 책상에 여러 대의 모니터만 놓인 연구실을 보고 나는 "천재들의 연구 공간치곤 너무 소탈한 것 아니냐"는 농담을 던지곤 했다. 그럴 때마다 그는 마치 세상의 이치를 통달한 수도승처럼 나긋한 어조로 "성환아, 내가 하는 게 특별할 건 없어, 누구나 할 수 있는 일을 하는 것뿐이야."라고 웃으며 대답했다. 매일 밤 열두 시까지 종일 연구에 몰두하면서도 끝내 자신을 추켜세우지 않는 그의 태도는 자연히 나를 돌아보게 하였다.

재영박협(재영 한인 박사연구자 협회)이라는 단체가 있다. 나도 우연히 그 행사를 도울 일이 있어 행사 장소인 런던대학교(UCL)로 기차를 타고 갔었다. 친구는 그 전년도의 회장직을 수행했다고 한다. 100여 명 가까이 되는 참가자가 모인 행사에서 내 친구의 가장 큰 장점을 다시금 볼 수 있었다. 그는 한 명 한 명 대화를 나눌 때마다 항상 먼저 듣고 생각한 뒤, 그 후에 말했다. 절대 말을 끊거나, 질문에 대한 답을 서둘러 말하는 법이 없었다. 자신의 의견을 최대한 정리해서 논리적으로 팩트에 근거해서 말하는 모습을 보면서, 항상 빠르고 효율적인 의사결정을 중시했던 나의 속도를 돌아볼 수 있었다. 이런 그의 '느림의 미학'은 결국 실수를 줄이고, 상대에게 존중받는 느낌을 줄 수 있다는 측면에서 더욱 가치 있다고 느꼈다. 이후에 나는 동갑 내기 친구의 그 멋진 속도를 배워나가고자 노력하고 있다.

절친했던 신계영 박사연구원과의 포멀 디너

영국에서 가장 유명한 한식당 중 하나인 'YORI'의 대표님도 내게는 잊히 지 않는 어른이셨다. 호탕한 웃음이 인상적이신 풍채가 좋았던 대표님을 만난 건 런던의 한국대사관저 초청 행사였다. 한인 사이에서 유명하신 분 이라 나 역시 그를 금방 알아볼 수 있었고, 조금 용기를 내어 샴페인 잔을 들고 대표님께 다가갔다. "안녕하세요. 대표님! 저도 요리(YORI) 한식당 너 무 좋아합니다! 옥스퍼드에서 MBA를 하고 있습니다!" MBA를 하고 있다 는 말과 한국 대기업에서 재직하다 왔다는 짧은 나의 소개를 듣고, 그 역시 영국에서 과거 삼성전자 해외채용으로 커리어를 시작했다며 반갑게 인사해 주셨다. 회사를 그만두고 YORI 1호점을 시작으로 사업가의 길을 걷기 시작했다는 이야기를 들으며 묘한 동질감과 존경심을 느낄 수 있었다. 한식당을 통한 한국 음식의 전파는 물론, 한국에서 유행하는 '인생네컷', 한국 디저트 카페인 '빙수'까지 사업영역을 확장하시면서 한국의 문화를 유럽 전역에 확장시켜 나가시는 중추적인 역할까지 하시고 있었다.

대표님은 이후에도 나를 찾아주었다. YORI 옥스퍼드 지점이 오픈하는 날, 옥스퍼드 시장님을 모시고 행사를 진행하셨다. 옥스퍼드 한인 사회에서 중요한 역할을 하시는 분들을 함께 모시고 진행된 행사 날에, 나 역시 대표님의 초대로 옥스퍼드 시장님과 함께하는 행사에 참석할 수 있었다. 이후 '옥스퍼드 한국의 날' 행사를 준비할 때에도 대표님께서 후원자로 나서주셨다. 덕분에 조금 부족한 예산이었음에도 행사에 참석한 사람들 모두가 15가지는 족히 되는 뷔페식 한식 만찬을 만끽할 수 있었다.

그리고 나 역시 대표님의 사업을 돕고자 노력하기도 하였다. 한국의 식품회사에서 근무하는 친구의 비건 프로젝트를 대표님께 소개해 드리고 대표님의 방한 일정에 맞춰서 미팅을 주선하였다. 그리고 미팅의 결과로 비건 비빔밥 메뉴를 현재 함께 개발하고 있다는 말을 전해 들었다. 영국을 떠나기 전, MBA를 하고 있는 LBS, 캠브리지 친구들을 데리고 YORI 한식당을 찾기도 하였다. 10명 가까이 되는 객식구를 데리고 나타난 나를 보고 사뭇 대표님도 당황하셨지만, 늘 그렇듯 호탕한 웃음을 지으며 MBA 친구들에게 맛있는 음식을 대접해 주셨다. 지난날을 추억하며 시간 가는 줄 모르고 소주잔을 기울였다. 취기가 오른 나는 "MBA 졸업하고 대표님 회사에 취업을 시켜 달라"는 농담을 건넸다. 대표님은 "가방끈 긴 사람보다는 모든 일이든 밑바닥부터 추진해 나갈 사람을 찾는다."라며 웃으며 거절하였다. "한국 기업에서도 퇴짜 맞은 적이 없는데 대표님께 첫 퇴짜를 맞았다."라며 우리는 유쾌하게 웃었다.

한식당 YORI 오픈 행사 및 옥스퍼드 시장님 방문 모습

또 다른 한 분의 소중한 인연이 되어주신 분은 주영한국문화원장님이신 선승혜 원장님이셨다. 과거 대전시립미술관 관장과 카이스트 교수라는 존경스러운 커리어를 가지신 분이셨는데, 항상 쾌활한 모습으로 영국에서 다양한 한국 문화 행사를 이끌어가셨다. 특히 옥스퍼드 사전에 등재된 26개 한국어를 더 널리 알리는 행사들을 진행하시고, 한류의 'next movement'를 위한 방향성 제시를 글로벌 선봉에서 이끌어 나가시는 리더십을 엿볼 수 있었다. 특히 주영한국문화원의 지원을 바탕으로 한국 문화를 알리는 행사를 옥스퍼드에서 진행할 수 있기도 하였다. 한국 문화 관련 행사들이 대부분 런던에서 주최되는 점이 옥스퍼드 거주민이자 한인회 임원이 된 나에겐 아쉬웠다. 그래서 제안서를 제출하여 주영한국문화원의 지원을 받을 수 있었고, 약 4개월의 준비를 거쳐 100명의 영국 전역에 계신 한국인들을 초대하여 옥스퍼드에서 한국의 날 행사를 주최할 수 있었다. 이 과정에서 원장님의 심도 깊은 문화를 바라보는 시각과 그 역할에 대해 배울 수 있었

고, 한 단체의 리더로서의 역량 역시 엿볼 수 있었다.

성공이라는 정의는 다양할 수 있지만 적어도 내가 영국에서 많은 영향을 받은 한국분들은 자기 삶의 가치관이 명확했으며, 그 가치관을 지켜가며 자신의 목표를 향해 오랜 기간 노력해 온 '성공'하신 분들이었다. MBA 학과 과정이나 여러 세미나에서 성공한 기업인들의 강연을 많이 들을 수 있었다. 하지만 아무래도 같은 문화권과 환경에서 자란 한국인분들의 삶과 태도는 나에게 더 큰 울림을 주었다. 처음 MBA를 떠나오게 된 계기 중 하나가 더는 흔들리지 않는 삶을 추구하기 위해서였다. 나는 그들의 삶을 통해 다시금 배울 수 있었다. 이해관계에 따라 흔들리지 않고 나의 가치관과 목표를 위해 하루하루 노력하는 것이 바로 삶의 본질에 뿌리내리는 과정이라는 것을.

옥스퍼드를 찾는
사람들

옥스퍼드에 도착한 지 얼마 되지 않았던 때였다. 삼성금융사의 해외채용 설명회 소식을 듣고 헐레벌떡 낯선 칼리지(College)로 뛰어갔다. 고풍스러운 칼리지 건물 사이를 가로질러 중후한 세월의 흔적이 남은 강의실로 들어서자 옥스퍼드에서 처음 만난 한국 학생들 10여 명이 있었다. 간단하게 서로 자기소개를 하고, 삼성금융그룹의 해외채용 전형에 대한 설명이 이어졌다. 나에게는 익숙한 기업 조직도와 채용 부문들이 보였고, 이곳이 옥스퍼드라는 생각도 잊은 채 열심히 해외채용 정보를 습득했다. 한 시간여가량 이어진 삼성금융계열사들의 채용 설명이 끝나자 옥스퍼드 한인회에서 예약한 중식당으로 자연스럽게 이동했다. 당시에는 한국의 기업이 이렇게나 먼 옥스퍼드까지 직접 찾아온 것 자체가 인상 깊었다. 하지만 이후 한인회를 운영하면서 생각보다 많은 기업들이 옥스퍼드 혹은 영국까지 직접 방문하여 우수한 인재를 영입한다는 것을 알 수 있었다.

뛰어난 인재들이 많이 모인 옥스퍼드인 만큼 정말 많은 수의 기업들이 인재들을 채용하고자 열의를 다하였다. 그리고 이를 위해 기업에서 연락이 올 때면 나름의 사명감(?)을 가지고 해당 기업의 채용설명회를 홍보하고, 행사 장소를 섭외하고, 참석자를 모집하였다. 특히 나의 경우에는 한국에서 회사 생활을 비교적 오래 했던 만큼 각 기업의 인사팀 분들과 쉽게 친분을 쌓을 수 있었다. 나와 관련 없는 박사 전용 채용이더라도 같은 회사원의 입장을 잘 아는 터라 옥스퍼드를 방문한 기업 관계자들과 개인적인 인연을 이어갈 수 있었다. 이후 한국에 돌아와서는 영국의 반값에 불과한 소주를 마시며 옥스퍼드에서의 짧은 추억을 이야기하며 좋은 시간을 보내고 있다.

기업 외에도 많은 단체와 사람들이 옥스퍼드를 찾는다. 단체 관광객은 거의 매일 학교 등하굣길에 볼 수 있었고, 기념품 가게가 즐비한 옥스퍼드의 거리는 늘 방문객들로 북적였다. 정부 기관이나 공공 단체도 옥스퍼드를 자주 방문했다. 내가 한창 한인회 운영을 할 당시 곡성군 미래교육재단에서 '선진교육 탐사대'를 꾸려서 방문했다. 열 명의 교육행정 관련 분들이 지방 교육 활성화를 위해 영국의 교육제도를 체험하고자 방문하셨다. 반나절 동안 옥스퍼드 전반에 대한 소개를 직접 해드리면서 교육 프로그램과 장학 제도 등에 대한 대담과 질의응답 등을 이어갔다. 특히 칼리지 제도처럼 학생들이 하나의 전공에만 매몰되는 것이 아니라 다양한 전공을 가진 사람들과 자연스럽게 하나의 소속이 되어 성장해 나갈 수 있는 제도에 대해 많은 관심을 가지셨다. 또한 학생회관(Student Union)의 토론회가 대표하듯 한국의 획일화된 입시체계와 달리, 다양한 사회 문제에 관해 토론하고 발표하는 문화를 인상 깊게 들으셨다. 일률적인 주입식 교육이 아닌 교류하고 토론하며 상호 성장하는 옥스퍼드 교육 시스템의 장점을 짧게나마 소개할 수 있는 시간이었다.

옥스퍼드라는 이름의 상징성과 도시가 주는 멋진 정취를 찾아 세계 각국에서 작은 소도시인 옥스퍼드를 찾아온다. 나는 한국인이라는 연결고리로 만난 많은 사람들과 옥스퍼드에 관한 이야기를 나눌 수 있었다. 짧은 시간의 만남일지라도 여러 기업체, 공공기관, 학자분들의 방문을 도와드리면서, 말 그대로 좋은 영향력을 나눌 수 있는 귀중한 추억들이 생겼다. 옥스퍼드 속엔 더 넓은 한국이 있었다.

곡성군 미래교육재단 방문

4부

완성편
: 돌아보기, 성찰하기, 성장하기

8장

옥스퍼드가
내게 남긴 것들

34살에 새로이 경험하는 성찰과 성장의 이야기

MBA 클래스 단체 야외 사진

태도가
사람을 만든다

옥스퍼드에서 팀 프로젝트를 하면서 나는 6년도 더 지난 KB국민카드 지점 시절의 생활을 가끔 떠올렸다. 현대자동차를 퇴사하고 KB국민카드에 중고 신입으로 입사한 나는 부산 출신이라는 이유 때문인지 대구에 위치한 카드사 지점으로 발령받았다. 첫 출근 날 오랜만에 듣는 익숙한 경상도 사투리가 가득한 사무실에 들어섰다. 2년 전 현대자동차 신입사원 그때 모습 그대로, 장난감 병정처럼 연신 90도로 인사를 하고 다녔다. 그렇게 시작된 나의 대구지점 생활은 정말 다양한 인간 군상을 겪게 하였다. 백화점에서 카드를 만들 때면 가끔 보곤 했던 카드 설계사분들, 카드로 사업 용품을 구매하는 자동차 정비소, 마트 등의 사장님들을 비롯하여 오랜 기간 대구 지역에서 근무해온 지점 선배들까지. 내가 만나야 할 다양한 사람들이었다.

그중 나를 가장 힘들게 했던 사람은 내 바로 위 선배였다. 회사 생활 대부분을 지점에서 보낸 그는 내가 본 그 어떤 사람보다 말이 거칠고 성격이 급했다. 법인카드 발급 요청이 왔을 때 전산 처리를 손이 안 보일 정도로 빠르게 해야 한다는 일념을 가지고 있었다. 나를 트레이닝 시킨다며 나선 그는 내게 늘 카드 발급 업무를 지시했고, 그때마다 내 뒤에 서서 거칠고 다급한 숨을 뿜으며 매의 눈으로 내 모습을 주시했다. 법인카드 발급은 매우 다양한 케이스가 있었기에 그와 함께 조를 이루어 카드 발급을 하다 보면 실수가 자연히 따랐다. 베테랑인 그조차 가끔 실수를 할 때면 그의 세상은 무너졌다. 그의 의자는 들썩였고, 다급한 손길로 본사에 전화를 연신 걸며 어서 오류를 수정해야 한다고 재촉했다. 그렇게 불같은 순간들이 모여 하루가 지나면 그는 단 하루의 예외도 없이 종일 보였던 서슬 퍼런 눈동자에서 조금은 다정해진 눈빛으로 나에게 말했다. "정성환이, 햄(형)이 오늘 소주 한잔 사주꾸마!" 선배에게 혼나며 손이 안 보일 정도로 전산시스템에 고객 정보들을 빠르게 입력하고, 저녁이 되면 소주 한 잔 곁들이며 서로를 다독이는 것이 그의 직장생활에 대한 '정의'이자 갖추어야 될 '태도' 일 것이다. 이외에도 본인이 쓴 카드 대금을 납득할 수 없다며 지점을 찾아와 모든 직원에게 욕설하다 경찰에 연행되어 간 민원인, 정비소에서 좋아하는 작업용 목장갑을 양손 가득 들고 방문하자 바쁜데 찾아왔다며 욕설을 퍼붓던 자동차 정비소 사장, 서울 본사에 보내 달라며 하루걸러 지점장님께 호소하는 직원분 등. 이 모든 것들이 내게는 생경하고 버거운 감정들로 밀려왔다.

　이러한 고민이 극에 달했을 때 난 지점장님께 면담을 요청했다. 그는 늘 말수가 적으시고 주변의 속도와 무관하게 자신의 속도대로 일상을 밀고 나가는 분이셨다. 나의 고충을 한참 듣던 그는 한동안 생각에 잠기더니 나에게 필요한 조언을 해주었다. 그 역시 평생을 지점에서 근무를 했기에 숱한 사람과 상황을 경험해보았다. 그럴 때마다 그 역시 슬플 때도 화날 때도 있었지만, 내가 처한 상황을 바꿀 수 없다면 직장에서의 '태도'만큼은 잃지 않아야 한다는 신념으로 버텨냈다고 하였다. 다시 말해 예측 불가능한 상황의 연속이 내 직장이라면, 그 속에서 나 자신의 직장과 삶에 대한 태도를 지켜가는 것이 이에 대항하는 유일한 가치였던 것이다. 그렇게 하루하루를 자신을 잃지 않고 버텨내다 보니 어느덧 지점장이 되었고, 지점장이 된 이후에도 그 태도 하나만큼은 지켜가고자 한다고 하였다. 지금 내가 겪는 과정들이 싫어, 회피하고 부정적인 태도를 보여도 당장은 문제가 없을 것이다. 하지만 나의 삶에 또 다른 예측하지 못했던 불가피한 상황들이 온다면, 나의 이러한 태도는 하나의 습관이 되어 되풀이될 것이며, 이러한 과정들이 모여 내 삶이 된다는 것이다. 그와의 한 시간가량 이어진 이 대화가 이후의 내 직장생활을 관통하는 중요한 철학 중 하나가 되었다.

아무리 스펙이 좋더라도 그 사람의 삶에 대한 태도, 타인을 배려하는 태도, 일에 진심을 다하는 태도 등이 결국 그 사람의 본질을 형성한다고 본다. 내가 선망했던 컨설팅 회사에서 온 MBA 친구의 이율배반적인 태도는 나를 실망케 하였고, 내가 그렇게 도망가고 싶었던 대구 지점의 지점장님이 보여주신 삶의 태도는 나의 직장생활의 지침이 되었다. MBA의 수많은 팀 과제와 네트워킹 기회들 덕분에 새로운 사람들과 빠르게 친해질 수 있었고, 또 함께 일을 해볼 수도 있었다. 하지만 바람직한 태도가 바탕이 되지 않은 사람과는 일회성 만남에 그치는 경우가 많았다. 나 역시도 누군가에겐 그런 사람이 될 수도 있기에, 나는 KB국민카드 대구지점 시절을 자주 회상했다. 결국 태도가 그 사람을 말해준다는 어쩌면 당연한 명제를, MBA와 내 과거 삶의 대비를 통해 다시금 깨달을 수 있었다.

옥스퍼드에서 다양한 국적의 수재들과 함께 협업하며 느낀 점이 있다.

첫째로, 언어와 문화가 다를 순 있지만 그 사람의 태도는 변하지 않는 중요한 가치라는 점이다. 앞서 언급한 '지점장님'은 이런 말씀을 해주셨다. 지점장 생활을 히디 보면 개성도 생각도 다른 사람들을 관리해야 하는데, 그 사람에게 잘 맞는 업무를 맡기는 것보다도 그 사람이 가진 태도를 파악하고 이에 걸맞게 관리하는 게 중요하다는 것이다. 아무리 그 사람이 해당 업무를 오래 했다 하더라도 일할 태도가 안 되어 있다면 지점의 중요한 평가 지표가 달린 업무를 맡기진 않는다는 것이다. 반대로 새로 온 사람이더라도 태도가 좋으면 중요한 업무에 배치해 보고 점차 많은 영역을 맡기며 그 사람을 성장시키고 싶다는 것이다. MBA의 팀플을 하면서 그의 말이 다시금 생각났다. 하나의 그룹과 조직으로 구성되어 일할 때 최소한의 필수적인 역량만 갖추어졌다면, 그가 가진 진취적인 태도나 협력적인 태도가 함께 일하는 데 있어 가장 중요한 요소가 되었기 때문이다.

둘째로, 진정한 의미의 소통에 대해 생각하게 되었다. 흔히들 소통의 중요성을 강조하지만, 실제 무엇이 진정한 소통인지는 참 어려운 문제다. 한국의 상대적으로 수직적인 조직 문화에 익숙해져 있던 나는 권한만큼의 의견과 결정권도 있다는 통념이 있었다. 내가 팔로워가 됐을 때는 굳이 내 의견의 지분을 넓히려 하지는 않는다. 반대로 내가 리더가 됐을 때는 '효율적'이라는 명목으로 빨리 일을 진척하기 위해 모든 의견을 청취하지 않으려 했다. 하지만 MBA의 대부분 과정, 특히 여럿이서 무언가를 할 때는 그 속도의 차이를 느낄 수 있었다. 모든 사람의 의견을 여유를 가지고 충분히 듣고 논의한 후에 결정을 내리는 것이 매우 자연스러운 문화였다. 가끔 이 모든 이야기를 듣느니 한 명이 어서 결정을 내려서 그다음 단계로 넘어갔으면 하는 조급함에 마음이 급해지기도 했지만 대부분 글로벌 환경에서 일해 온 친구들의 속도감은 나보다 훨씬 여유로웠다. 단순히 '일을 했다'라는 결과적 성취보다는 일을 좋은 방향으로 이끌어가기 위한 그들의 여유와 태도를 보며 나 역시도 그들이 소통하는 방식을 몸에 익히고 실현할 줄 아는 좋은 태도를 갖춘 사람이 되고자 하였다.

백 사람이 있으면
백 개의 삶이 있다

여느 때와 다름없이 비가 추적추적 내리는 주말에 비즈니스 스쿨로 향했다. 트립닷컴의 여성 CEO 제인 선(Jane Sun)이 옥스퍼드에서 2시간에 걸친 강연과 대담을 진행한다기에 참가 신청을 하고 강의실로 향했다. 중국 내 여행업계의 유일한 여성 CEO이자 유명인답게 생각보다 많은 수의 참가자들이 모였다. 트립닷컴에 대한 소개, 그녀의 커리어 여정, 그리고 여성 CEO로서의 삶 등에 대한 대담들이 이어졌고, 청중들의 질의가 폭주했다. 가벼운 마음으로 들으러 갔기에 예상보다 진지하고 열성적인 친구들의 반응이 놀라웠다.

사실 옥스퍼드의 학풍은 기본적으로 다양성(Diversity)을 강조한다. 특히 옥스퍼드 MBA 과정을 하며 여성 리더십이 글로벌 환경에서 매우 강조되고 있음을 몸소 깨달을 수 있었다. 소외 계층뿐만이 아니라 여성 리더십과 관련된 장학금들이 많이 준비되어 있을 정도로 옥스퍼드 MBA는 미래 여성 리더들의 육성을 강조한다. 2024년 3월에 열렸던 옥스퍼드 아프리카 비즈니스 포럼(Oxford African Business Forum)이 개최되었었는데, 여성 리더십 관련 내용이 비중 있게 다뤄졌다. 이처럼 옥스퍼드는 아프리카의 젊은 세대와 여성의 리더십을 위한 지속적인 지원을 통해 사회 변화를 이끌어 내도록 노력하고 있다.

　나름대로 비즈니스적인 관점에서 분석해보면, 다양성을 통한 사회의 선한 영향력 확대라는 본연의 가치 외에도, 과거에는 상대적으로 적었던 특정 계층의 영향력이 점차 확대되면서 비즈니스 모델 역시 변화하고 있는 것으로 보인다. 일례로, 일부 아프리카 국가들에서의 비즈니스는 여성 차별적이고 관치주의에 얽매여 있다는 부분이 고질적인 문제로 거론되곤 한다. 이는 글로벌 비즈니스와 자본의 진출에 큰 걸림돌로 작용한다. 소외된 계층과 여성에 대한 존중과 다양성을 확보하는 것은 아프리카의 지속가능한 성장을 돕는다.

　또한 LGBTQ+와 같은 성소수자에 대한 이슈 역시 글로벌 비즈니스에서 점차 중요한 요소로 인식되고 있다. 상대적으로 사회에서 소수인 그룹의 성장과 결속이 글로벌 비즈니스의 다양성에도 영향을 주고 있는 것이다. 여러 글로벌 기업에서는 이미 별도로 LGBTQ+ 채용이 이루어지고 있을 만큼, 소수자 관련 포용성은 중요한 산업 트렌드로 정착되고 있다. 심지어 여러 컨설팅 프로젝트에서는 팀 구성에서 다양성 요건이 일정 부분 채워지지 않으면 프로젝트의 진행 자체가 어려울 정도이니 여성과 LGBTQ+ 등에 대한 이해는 필수였다. 나 역시 이곳에 와서야 다양성에 대한 개념과 이해의 폭을 넓힐 수 있었다. 그간 너무 무지하게 살아왔다. 이런 닫힌 마인드 셋과 사고로는 중요한 비즈니스 환경의 변화에 대처할 수 없을 것이다. 이런 측면에서 옥스퍼드 MBA 330명의 구성은 다양성을 지키기 위한 옥스퍼드의 상징적인 면이기도 하다.

　옥스퍼드에서 나는 "100명의 사람이 있다면 100개의 삶이 있다."라는 명제를 자주 생각했다. 아프리카계 여성들부터 홍콩의 미인 대회 수상자, 올림픽 메달리스트 등 사회를 구성하는 다양한 구성원을 수용하고 또 이를 중요한 가치로 지켜나가는 모습을 이곳에서 확인할 수 있었다. 이러한 유럽 MBA에서의 경험들은 한국에서만 일해 온 나의 사고방식에 균열을 일으켰다. 결과적 성취보다 일의 진행 방향이 다양성을 충족하는지, 또 좋은 (선한) 방향으로 나아가는지를 돌아보며 일하는 MBA 친구들의 태도를 보며 나 역시도 다양성과 일의 바람직한 방향성에 대한 관점과 시야를 배워갈 수 있었다.

MBA 클래스 단체 사진

기업 가치의
거대한 변화를 경험하며

옥스퍼드 MBA는 ESG 부문에 집중하며, 세계적으로도 이 부문에 강점이 있는 MBA로 평가받는다. 그만큼 환경, 사회, 지배구조 측면에서 지속 가능한 경영을 이끌어갈 수 있는 리더십을 함양하는 것에 집중하고 있다. 나 역시 옥스퍼드 MBA 인터뷰 당시에 ESG 부문에 관한 관심과 커리어를 강조했다. 과거 전기차 관련 신사업 프로젝트를 진행한 내용을 인터뷰에서 강조했고, 이에 대해 긍정적인 피드백을 받을 수 있었다. 그리고 MBA에서 만난 다양한 에너지, 환경 관련 산업의 친구들을 보아도 ESG 부문의 사람들을 적극적으로 뽑고 있다는 것을 느낄 수 있었다. 학과 과정에서도 ESG 부문과 관련된 강의나 과제들이 중점적으로 다루어졌다. 나의 고통스러웠던 첫 조별 과제인 'Formula E' 프로젝트가 그 일례다. 기존의 포뮬러 레이싱 대회와 달리 전기차로 진행하는 대회인 만큼 탄소 배출을 줄이고 환경 영향을 최소화하고자 노력하는 대회였다. 그런 만큼 팀 프로젝트의 과제도 이러한 환경 영향도를 관리하면서 대회의 흥행과 수익구조를 보장할 방안을 작성하는 것이었다. 또 다른 팀 과제 역시 환경적인 이슈를 다루었다. GE 버노바(GE Vernova) 임원진의 줌 강연을 들으며 과제를 수행해야 했는데, 신재생에너지 비즈니스를 개발하기 위한 기회 요소를 발굴하는 것이었다.

조력 발전을 위한 최적의 지역을 찾고 이를 추진하기 위해 고려해야 할 점들을 팀 과제로 수행하였다.

Formula E 팀 과제 자료

　지배구조, 거버넌스(Governance) 영역에서도 조직 관리와 경영의 투명성과 등 건강한 사회적 구조가 강조된다. 옥스퍼드의 구성원들이 그러하듯 학교 구성원의 다양성을 지켜나가며 조금의 편견과 차별도 발생하지 않도록 매우 기민하게 대처하려는 것을 직접 느낄 수 있었다. 성적인 부분 외에도 정치, 종교적인 부문의 차별에도 매우 강력한 메시지와 이를 방지하는 제도들이 마련되어 있었다. 학교에서부터 이러한 차별금지와 다양성에 대한 존중을 배워나간 이들이 미래 각자의 산업 영역으로 갔을 때, 사회 전반에 긍정적인 영향력을 줄 수 있는 리더십을 발휘해 나갈 것이다.

　이처럼 다양성과 지속가능경영에 대한 강조는 글로벌 산업 전체에 걸쳐 나타난다. 앞으로 그 중요성이 더 강조될 것이기에, 미래 리더를 육성하는 글로벌 MBA 프로그램들에서도 이에 맞춘 양질의 교육과정들을 제공하고 있다.

손을
든다는 것

2010년 한국에서 G20 정상회의가 열렸을 때의 일이다. 당시 오바마 대통령은 기자들의 질문을 받다가 특별히 한국 기자들을 지목하며 질문 기회를 주었다. 개최국인 한국의 입장에서 질의할 기회를 준 것은 이례적인 배려였다. 그러나 한국 기자 중 그 누구도 손을 들지 않았다. 조금 당황했던 그는 혹시 영어가 문제라면 한국어로 질문해도 좋다며 조금 더 기다려주었다. 그럼에도 불구하고 그 누구도 손을 들지 않자 결국 어떤 중국 기자가 자신이 아시아를 대표해서 질문하겠다고 질의를 진행하였다. 당시 이 영상이 꽤 화제가 되었고, 더 나아가 한국식 교육의 문제점으로 지적받기도 하였다. 한국 사회 특성상 여러 사람이 모인 자리에서는 특히 정답을 말해야만 된다는 압박감이 있다. 내가 혹시라도 틀린 말을 하거나 엉뚱한 소리를 할 경우 내 자존감에 상처를 받을 수 있기 때문이다. 옥스퍼드 MBA를 통해서 많은 것을 느꼈지만, 특히 학생들이 자신들만의 확고한 자존감을 바탕으로 주체적인 태도로 의견을 표현하는 모습들이 인상 깊었다.

대표적인 예가 옥스퍼드의 토론회였다. 나는 MBA 초기에 초청을 받아 학생회관(Student Union)에서 열리는 토론회를 경험할 수 있었다. 토론에 참가한 학생들 모두 적극적으로 자신들의 의견을 피력했다. 조금 실수하더라도, 상대에게 논리적 빈틈을 허용하더라도 당당하게 주장을 개진해 나갔다. 또한 청중들 역시 인상적인 멘트에는 함께 박수쳐주는 등 성숙한 태도를 보여주었다. 학업 외적으로도 자연스럽게 자신의 생각을 논리적으로 표현하고 서로 다른 의견을 조율하며, 전체 논리를 발전시켜가는 것을 볼 수 있었다.

또한 토론이 끝나고 퇴장할 때 두 개로 나뉜 문으로 나가는 것 역시 흥미로웠다. 찬성과 반대로 표시된 각각의 출구로 청중들이 퇴장하면서 그날의 승자팀을 알 수 있었다. 이러한 옥스퍼드의 토론 행사는 세계적인 유명 인사가 참석하는 것으로도 유명하다. 아인슈타인, 마거릿 대처와 같이 위인전에서나 볼 법한 인물들은 물론 엘튼 존, 마이클 잭슨 등 셀 수 없이 많은 유명인들이 직접 방문하기도 하였다. 내가 입학했을 당시에 가장 뜨거웠던 이슈는 바로 엠마 왓슨(Emma Watson)의 옥스퍼드 석사 과정 입학이었다. 실제 많은 학생이 엠마 왓슨을 볼 때마다 몰래 사진을 찍어 공유하기도 했으니 말이다. 그해 Student Union에 톰 행크스가 방문했을 때 엠마 왓슨이 함께 참석하기도 하였다. 유럽 여행 중이라 가보지 못했던 것이 아쉬웠지만, 이러한 역사적인 장소에 방문할 수 있다는 것만으로도 매우 감격스러운 일이었다. 비싼 MBA 학비 덕에 이 옥스퍼드 학생회의 멤버십을 무료로 등록할 수 있었다(내 기억에는 10파운드 상당…). 지금도 Union 멤버십 카드를 내 지갑에 넣고 생활하고 있다.

Student Union 토론회 및 출구(찬성/반대) 모습

내가 경험한 옥스퍼드는 학생들의 배움의 과정도 주체적이었다. 한국 대학에서도 선택과목이나 교양과목을 스스로 선택해나가지만, 대부분 어느 정도 비슷한 전공생들이 비슷한 커리큘럼을 선택하는 경향이 많다. 나의 경우 공연 및 신사업 기획 등 다양한 관심 분야를 경험하고자 학부 시절 외부 활동을 통해 노력하였지만, 그로 인해 어쩔 수 없이 학교 전공 관련 활동은 어느 정도 손해 볼 수밖에 없었던 등가교환의 과정이었다.

하지만 옥스퍼드 MBA 과정에서 본 대부분의 친구들은 뛰어난 커리어만큼 매우 주체적으로 추가적인 배움의 과정을 만들어가는 것을 보았다. 교과외 학습(Co-Curricular) 과정과 학생 클럽 활동이 그 대표적인 예이다. 우선 교과외 학습 과정은 크게 금융 부문(Finance Lab), 컨설팅 부문(Consulting Development Program), 사회적 영향 관련(Social Impact Lab) 세 종류로 나뉜다. Finance Lab은 투자 및 사모펀드 분야 등 금융서비스와 관련된 추가 학습을 진행하였고, Social Impact Lab은 사회적 영향, ESG와 같은 분야의 리더십을 길러가고자 하는 이들이 모여서 추가 학습을 진행하였다. 이렇게 옥스퍼드에선 추가 학습을 원하는 이들을 위한 다양한 과정들이 Lab이란 형태로 구성되어 주체적인 학습을 해나가도록 하였다.

또한 당시 MBA 과정에는 총 17개의 클럽이 있었다. 아세안이나 아시안 클럽과 같이 국적과 지역에 기반하거나 컨설팅 관련 케이스스터디를 하는 클럽들도 있었다. 또한 내가 속했던 핀테크(Fintech)나 헬스케어(Healthcare)와 같이 각자의 관심 분야에 대한 인사이트를 공유하고 학습하는 클럽들도 구성되었다. 하나 흥미로웠던 것은 패밀리 비즈니스(Family business) 클럽처럼, 가업을 운영 중인 이들의 클럽 활동이었다. 그들은 가족 기업 또는 자신이 경영하는 기업을 혁신하기 위해 서로의 방법론적인 인사이트를 공유했다. 다양한 배경을 가진 구성원들과 그들의 관심 분야의 학습들이 경계 없이 자발적으로 이루어지고 있음을 알 수 있었다.

자존감과 주체성은 함께 가는 것이라 생각한다. 대부분 한국인이 느끼는 사회적 압력이 있다. 정답을 말해야 한다는 것이다. 눈치껏 정답을 말할 수 있어야만 나의 자존감이 올라가는 것이다. 그렇기에 나와 같이 한국의 교육과정을 충실하게 수행한 사람들은 먼저 손들고 나의 의견이나 상대의 의견을 묻는 것이 조금은 낯설다. 아무래도 선진교육 시스템은 학생의 개성과 의견을 존중하는 문화를 일찍부터 형성해왔다. 이를 바탕으로 주체성과 독창적인 사유 능력을 갖춘 학생들이 스스로의 의견을 열린 자세로 표현할 수 있도록 교육해나가는 것이다.

학생회관(Student Union) 모습

9장

옥스퍼드를
떠나는 길

완생을 향해 다시 돌아갑니다

졸업식 사진

가장 늦은
첫 졸업식

나는 중학교 이래 졸업식에 참석한 적이 없다. 고등학생 때는 인생의 전부인 줄 알았던 'SKY'에 떨어지면서 못난 자존심을 부리며 졸업식에 참석하지 않았다. 그리고 대학 졸업식의 경우, 남들보다 길었던 수험 기간으로 학과 동기들과 졸업 시기가 맞지 않아 친구들의 졸업식에는 참석했지만 정작 나의 졸업식에는 딱히 참석할 생각이 들지 않았다. 그저 빠르게 결정지어진 현대자동차 입사에 집중해서 그다음의 삶을 준비하기에 바빴다. 그래서 남들이 많이 간직하는 학사모를 쓰고 부모님과 졸업식 행사에 찍은 사진이 나에게는 없다. 이런 것들이 나도 모르게 마음속 깊은 아쉬움으로 남았던 것 같다. 석사를 영국에서 하게 되자 꼭 이번 졸업식만은 부모님과 소중한 추억을 남기고 싶었다. 그리고 개인적으로도 최소한 인생에 한 번쯤은 멋진 졸업식에 참석해서 평생 남을 사진도 찍고 싶었다. 특히 부모님은 유럽 여행 경험이 없기에 이참에 멋진 영국 여행을 선물해 드리면 좋을 것 같았다.

참고로 옥스퍼드와 캠브리지의 정식 졸업식은 보통 학기가 종료되고 그다음 해 3월~5월 중에 정식 졸업식이 열리지만, 옥스퍼드 MBA의 경우 현업에서 일하는 졸업생들이 많은 관계로 칼리지 졸업식이 아닌 전공 졸업식을 별도로 진행한다. 나 역시도 졸업 후 바로 일을 할 생각이었기에, 그 다음 해 5월로 예정된 정식 칼리지 졸업식에는 참석하지 못할 확률이 높았다. 특히 한국 기업에서 일을 하게 된다면 이 졸업식만을 위해서 며칠씩 연차를 쓰고 다시 영국, 그리고 옥스퍼드까지 오는 것은 여의치가 않을 것이기 때문이다. 나와 같은 학생들이 많을 것인 만큼, 다른 전공에는 없는 캡스톤 주간(Capstone Week, 프로그램의 마지막 주간)을 기획하여 약 4일간 MBA 졸업생들을 위한 마지막 행사가 예정되었다. 아무래도 많은 돈을 투자해서 온 만큼 마무리 행사까지 최대한 애써주는 모습이랄까? 그 덕분에 나는 성인이 된 후 나의 첫 졸업식을 그것도 영국에서 부모님과 함께할 수 있었다.

4일간의 캡스톤 주간은 다양한 행사로 채워졌다. 첫 입학 후 환영 행사를 했던 애쉬몰리언 박물관(Ashmolean Museum)에서의 샴페인 행사를 시작으로, 브런치 초청 행사, 가족을 초대할 수 있는 포멀 디너(Formal Dinner), 마지막 날에는 쉘도니언 시어터(Sheldonian Theatre)에서의 졸업식까지. 생각보다 다채로운 행사가 준비되었다. 미리 배부된 일정에 맞추어 부모님과의 최대한 완벽한 졸업식이 진행될 수 있도록 나름 철저한 준비를 하였다.

우선 비행기와 숙소 예약이다. 아무래도 미리 해두면 저렴할 것이란 생각에 9개월 전에 미리 아버지의 회사 일정과 어머니의 개인 일정을 확정하여 졸업 행사 기간을 비워두었다. 덕분에 비즈니스 클래스를 타본 적 없는 부모님에게 조금은 합리적인 가격으로 비즈니스 클래스를 태워드릴 수 있었다. 나 역시 영국까지의 14시간 비행은 고통스러운 일이었기 때문이다. 또한 숙소도 미리 신경을 써두었다. 옥스퍼드는 소도시인 만큼 호텔이 많지가 않다. 또한 2인실 방 2개를 잡기보다는 3인실 숙소가 있는 곳을 찾아 졸업 행사 일정이 나오자마자 미리 예약했다. 옥스퍼드답게 호텔들의 외관은 대부분 매우 오래된 건물들이 많아 내부가 상대적으로 잘 정비되어 있는 곳을 고르고 골라서 예약했다.

둘째로는 조금 늦었지만 중학교 이후 부모님과의 첫 졸업식인 만큼 퀄리티 높은 사진을 찍을 준비를 하였다. MBA 동기 중 한 명이 매우 유명한 인플루언서였는데, 그 친구가 옥스퍼드 곳곳을 배경으로 화보 사진을 찍은 것을 보고 그 사진작가를 추천받았다. 종종 부모님과 여행을 떠날 때면 현지에 있는 한국 사진 작가분을 섭외해서 스냅 사진을 찍어본 경험이 있었지만, 현지인이 찍어주는 정식 사진은 처음이었다. 혼자 여행을 다니다 보면 가장 불편한 부분이 멋진 풍경 앞에서 나의 온전한 사진을 찍기 쉽지 않다는 것이다. 급한 대로 지나가는 현지인들에게 사진을 부탁하면 한국인의 사진 찍는 정서와는 맞지 않는 경우가 열이면 아홉이었다(물론 주관적인 판단일 수 있다). 사진에 진심인 한국인인 만큼 전문 현지 작가에게 나의 처음이자 마지막 졸업사진을 맡기는 것이 내심 못 미더웠지만, 해당 일정에 맞는 사진작가를 구하기도 쉽지 않아서 급한 대로 사진작가와 계약금을 걸고 사진 촬영 일정을 잡아 두었다. 실제 사진 촬영 결과물을 한국에서 받아 보았고 나의 우려는 현실이 되었다(물론 나의 외모가 일차적인 문제이다).

마지막으로, 부모님께서는 이번이 첫 유럽 여행인 만큼 졸업 행사 주간 시작 이전 3박 4일의 시간을 빼서 런던 여행을 촘촘하게 계획하였다. 옥스퍼드를 찾는 한국 단체 관광객분들을 많이 볼 수 있는데, 대부분 반나절 정도 투어를 하는 분들이 많았다. 그런 만큼 사실 옥스퍼드 자체를 여행만을 목적으로 오래 있는 것은 시간 효율적이지는 못하다(더군다나 첫 유럽 여행이라면). 그래서 최대한 알찬 런던 여행을 만들어드리고자 하였고, 영국에 오래 거주한 친구들의 자문을 바탕으로 부모님 연세에 좋아하실 만한 곳과 필수적으로 방문할 만한 곳들을 추려나갔다. 덕분에 예약이 어려운 레스토랑이나 방문 장소 등을 사전에 예약해둘 수 있어, 더욱 풍성한 부모님의 여행가이드 역할까지 준비를 마칠 수 있었다.

가족 졸업식 사진

가족과 함께하는
MBA의 마무리

8월 말인데도 부산은 연일 무더위가 기승을 부렸다. 더위를 뚫고 부모님과 함께 김해공항으로 향했다. 부산이 고향인 나에게 가장 불편한 점은 아무래도 직항으로 해외를 가기가 매우 번거롭다는 점이다. 난 미리 서울에서 부산으로 내려가서 부모님과 함께 김해공항에서 인천공항으로 올라왔다. 찜통더위에도 부모님의 얼굴엔 첫 유럽 여행의 설렘이 가득했다. 꼬박 하루가 지나서야 도착한 런던 히드로 공항의 선선한 공기가 피곤함을 덜어주었다. 런던의 숙소에 체크인을 하고 곧장 펍으로 향했다. 런던에서 다양한 행사에 참여 하면서 런던의 괜찮은 장소들을 많이 알게 되었고, 이제는 꽤 밝아진 지리 감각으로 숙소도 최대한 이동이 편한 곳으로 잡았다. 늦은 저녁 시간에도 부모님께서는 지친 기색 없이 유럽의 건물들을 둘러보셨고, 나는 영국의 펍 문화부터 보여드리고 싶었다. 마침 토요일 저녁이어서 많은 인파가 펍에 몰려 있었고, 라이브 공연을 즐기며 여행의 시작부터 영국스러움을 보여드릴 수 있었다. 약 3박 4일 동안 런던 곳곳을 부모님과 알차게 여행한 후, 기차를 타고 대망의 옥스퍼드로 향했다.

옥스퍼드의 몇 안 되는 3인실 객실에 체크인하자마자 우리 일행은 첫 행사 장소인 애쉬몰리언 박물관으로 향했다. 이제부터는 나름의 격식을 갖추어야 했기에 부모님과 나 모두 정장으로 갈아입고 옥스퍼드의 밤거리로 나섰다. 세계 최초의 대학 박물관이기도 한 애쉬몰리언 박물관은 MBA의 환영 행사와 첫 네트워킹 행사를 했던 장소이다. 전체 박물관을 대관하여 간단한 음식과 샴페인을 곁들인 행사를 1년 전에 했었는데, 1년이 지난 시점에 부모님과 함께할 수 있어서 감회가 새로웠다.

조금은 어색해하시는 부모님을 모시고 행사장으로 들어서자 곳곳에 나와 친했던 MBA 동기들과 그 가족들을 만날 수 있었다. 여름방학이 지나고 처음 보는 동기들이 대부분이라 반가운 마음에 인사를 나누기 바빴고, 이번에는 각자의 가족들까지 있다 보니 더욱 분주했다. 학교 측의 간단한 스피치와 환영사가 시작되었고 행사 시간 내내 샴페인과 와인을 마시며 부모님께 통역도 해드리며 친구들의 가족들과도 인사를 나누었다. 약 60개국에서 온 학생들로 구성된 MBA답게 그 가족들의 복장과 행동에도 다양한 국적의 문화가 배어 있었다. 그러나 공통적으로 모든 가족의 얼굴에는 자신의 자녀 혹은 배우자가 옥스퍼드라는 곳에서 MBA를 수료한다는 뿌듯함과 자랑스러움이 만연했다. 국적과 문화는 달라도, 나의 자녀가 좋은 명문대를 수료했다는 뿌듯함은 숨길 수 없는 것인가 보다.

첫날 저녁 애쉬몰리언 박물관 행사

　정신없었던 첫날 저녁 행사를 마치고 둘째 날 아침이 밝았다. 어느 정도 시차 적응이 된 부모님과 사이드 비즈니스 스쿨에서 열리는 브런치 행사에 참석했다. 행사장에서 제공하는 브런치를 먹으며 한동안 근황을 나누지 못했던 여러 친구들의 소식도 알 수 있었다. 다들 열정적으로 다음 커리어를 위해 애쓴 만큼, 이후의 커리어가 정해진 친구들이 많았다. 나 역시 한국 기업으로 돌아갈 것이 정해졌기에 다음 직장에 대한 이야기를 서로 나누며 MBA 이후 펼쳐질 각자의 미래 여정에 대한 응원을 아끼지 않았다.

　나와 부모님은 브런치 행사에서 조금 일찍 일어났다. 정미령 교수님과 나와 친했던 비즈니스 스쿨의 경영학 박사 과정의 친구, 한인회를 함께 운영했던 친구와 만나기로 했기 때문이다. 미리 예약해둔 레스토랑에서 교수님께 나의 부모님을 소개해 드릴 수 있었다. 영국스럽게 차부터 마시면서 지난 1년간의 에피소드들과 서로 감사했던 일들을 추억했다. 특히 정미령 교수님께서 부모님에게 나에 대한 칭찬을 해주셨을 때는 34살의 나이에도 마치 어린아이가 된 것처럼 마냥 뿌듯한 감정을 느꼈다. 그만큼 나의 옥스퍼드에서의 생활은 다시금 나를 학생의 신분으로, 또 본연의 모습으로 많이 되돌아볼 수 있게 해주었다. 그간 정들었던 교수님, 친구들과의 이별이 아쉬워 래드클리프 카메라와 엑시터 칼리지(Exeter College)를 함께 방문하며 많은 기념사진을 남겼다. 이후 한국에 와서는 그 사진들을 액자로 만들어 부모님께 선물로 드릴 만큼 우리 모두에게 소중한 추억이 되었다.

교수님을 뵀던 그날 저녁은 대망의 포멀 디너가 있는 날이었다. 치열한 경쟁률(?)을 뚫고 학교 측에서 잡아준 네 개의 칼리지 중 가장 인기가 있었던 뉴칼리지(New College)의 포멀 디너를 예약할 수 있었다. 아무래도 뉴칼리지가 〈해리포터〉 영화의 촬영 장소로도 유명했던 만큼 대부분의 학생들 역시 자신의 가족을 이곳에서 대접하고 싶어 했던 것 같다. 부모님께서는 유서 깊고 고풍스러운 칼리지 건물에 연신 감탄사를 내뱉으시며 칼리지 식당으로 향했다. 포멀 디너가 어떻게 진행되는지, 칼리지의 개념은 무엇인지 등을 부모님께 설명해 드리며 약 2시간에 걸친 잊지 못할 저녁 만찬을 할 수 있었다.

가족들과 함께하는 포멀 디너

그리고 셋째 날 오전엔 약 330명, 전체 MBA 학생의 단체 사진 촬영이 있었다. 많은 수의 학생을 한 앵글에 담아야 하고, 사람과 이름을 매칭해야 했기에 구도를 잡는 데에만 한 시간이 넘게 걸렸다. 길어지는 사진 촬영 때문에 지칠 법도 한데 졸업생들은 모든 과정이 끝났음을 즐기며 쾌활하게 서로를 응원했다. 학생들이 너무 많아 내 얼굴이 손톱만 하게 보이긴 하겠지만, 1년간 내가 소속되었던 자랑스러운 2023~24년 옥스퍼드 MBA의 마지막 단체 사진을 찍는 감회가 깊었다. 그렇게 나의 부모님과 함께한 졸업 여행의 마지막 날이 다가왔다. 정신없이 지나간 런던 여행과 옥스퍼드 졸업 행사들도 이날을 끝으로 모두 마무리된다. 그리고 졸업식을 마지막으로 다시금 14시간의 귀국 비행을 하면 나의 파란만장했던 유학 생활도 종료된다.

졸업식 장소는 전통적으로 입학식과 졸업식에만 들어가 볼 수 있는 쉘도니언 씨어터(Sheldonian Theatre)이다. 입학식 때 방문한 이후 1년 만에 다시 들어가 볼 수 있었던 쉘도니언 씨어터는 여전히 웅장하고 화려한 장식을 뽐내고 있었다. 학생들은 모두 1층의 행사 장소로, 가족들은 2층에 위치한 자리로 긴 줄을 서가며 배치받았다. 나 역시 친했던 친구들과 인사를 나누고, 연신 셀카를 찍어가며 1층의 나의 자리에 착석했다. 그렇게 마지막 졸업식 행사가 시작되었다. 학장님의 인사 말씀에 이어 학생 대표들의 연설 또한 이어졌다. 그리고 졸업생 모두가 차례대로 호명되며 학장님과 악수를 나누며 행사는 끝이 났다.

마지막 애프터파티는 비행기 시간 때문에 참석할 수 없었다. 하지만 부지런한 한국인답게 아침 일찍 옥스퍼드의 유명 장소들에서 부모님과의 졸업사진을 남길 수 있었기에 큰 미련은 없었다. 오히려 이제 진짜 모든 과정이 끝났다는 자부심과 아쉬움 같은 감정이 한꺼번에 몰려왔다. 히드로 공항에서 귀국 비행기를 기다리며 노트북을 펼쳤다. 나의 이 모든 여정을 기록하기로 마음먹었기 때문이다. 해외 유학을 선택한 나만의 이유와 MBA 준비과정, 그 속에서의 생활과 마지막 행사들까지…. 물론 개인적인 스토리로 볼 수도 있겠지만, 나라는 개인의 이야기가 비슷한 고민을 하는 독자들에겐 특별한 조언으로 남을 수 있겠다는 생각이 들었다. 한국으로 돌아오는 14시간의 비행만큼은 마냥 피곤하거나 지루하지 않을 수 있었던 이유였다.

졸업식 행사

가슴 깊이 새겨진
대륙을 넘은 우정

포틀럭(Potluck) 파티는 서구에선 일반적인 유형의 파티다. 참석자들이 각자 음식을 준비해 와서 함께 나눈다. 동양 문화에 비해서 상대적으로 개인적인 영역이 중요한 만큼, 파티 주최자의 부담을 덜고 각자가 좋아하는 음식을 준비해 와서 즐긴다. 나의 첫 포틀럭 파티는 창백한 날씨가 이어지던 옥스퍼드에 도착한 그해 11월에 이루어졌다. 마음이 잘 통했던 다니엘(Daniel)과 그의 부인이 나를 초대했다. 다니엘은 말레이시아 중앙은행에서 스폰서십으로 와이프와 함께 이곳에 온 다정다감하고 똑똑한 친구였다. 항상 단정한 머리 스타일에 웃는 상 그 자체인 그는 나와 마주칠 때마다 늘 함박웃음으로 맞아주었다. 어느 날 그는 혼자 지내는 내가 안쓰러웠던지 몇몇 친구들을 모아 음식을 나눠 먹자고 제안했다. 7명이 각자 음식을 가져와서 차려보니 금세 한 상 가득 푸짐한 잔칫상이 차려졌다. 각자의 음식에 대한 스토리와 문화에 관해 이야기하며 서로 자연스레 가까워질 수 있었다. 음식을 나누는 일은 사람과 친해지는 가장 원초적인 만국 공통의 방법임을 느낄 수 있었다.

이후 다니엘 부부와 나는 말레이시아 출신으로 〈크레이지 리치 아시안(Crazy Rich Asians)〉 영화에 나올 법한 잘생긴 외모와 보조개가 돋보였던 레이

먼드(Raymond)까지 초대하여 유명한 관광지인 바스(Bath) 지역으로 자유 여행을 떠났다. 옥스퍼드에서 그리 먼 거리는 아니었지만, 대중교통이 잘 되어 있지 않았기에 렌터카를 빌려서 약 한 시간 반 정도를 운전하여 바스에 도착하였다. 운전 경력이 나름 꽤 되는 편이지만 한국과 정반대인 운전대는 도무지 잡을 용기가 나지 않았다. 그래서 여행 내내 다니엘 혼자 운전을 해야 했다. 우여곡절 끝에 도착한 바스는 그 이름이 목욕을 뜻하는 영어단어 'bath'의 유래가 된 도시인만큼 '로만바스'(Roman Bath)라고 하는 로마 시대의 목욕탕이 가장 유명한 관광지였다.

바스(Bath) 여행 및 로만바스

주말이라 그런지 바스의 거의 모든 식당이 빈자리가 없었다. 헤매고 헤맨 끝에 옥스퍼드에서 질리도록 먹었던 피쉬앤칩스를 파는 식당에 들어갈 수밖에 없었다. 어떻게든 다른 걸 먹어보고자 오징어 요리를 시킨 나는 다니엘과 다니엘의 부인이 서로를 질투하는 모습을 보며 한국의 표현 하나를 가르쳐 주었다. "한국에서는 내 연인을 다른 이성이 넘보지 않을까 열심히 지키는 것을 보고 농담 반 진담 반으로 '오징어 지킴이'라고 부른다."라고 하였다. 처음에는 무슨 뜻인지 모르던 그들도, 나에게 유독 매력적인 내 연인이 사실상 주변에선 (그닥 관심 없는) 오징어일 수 있지만, 내 오징어만큼은 내가 지킨다는 결연함을 뜻하는 이 재밌는 표현을 매우 흥미로워했다. 심지어 말레이시아 친구들에게 알려주고 싶다며 내가 오징어 지킴이(굳이 영어로 표현해보자면, 'Squid Protector')를 설명하는 영상을 찍어 널리 퍼트리기도 하였다. 우리는 서로의 연애사와 결혼관에 대해 깊이 이야기하며 자기 나라의 재밌는 표현도 알려주며 추억을 키워나갔다.

마지막 학기가 끝나기 전 다니엘 부부는 자택으로 다시 나를 초대했다. 여름방학 동안 떨어졌다가, 이후 졸업 행사 주간이 되어서야 만날 것이기에 서로 떠나기 전 마지막 만찬을 즐기자는 취지였다. 나는 떡볶이를 만들어갔고, 다니엘은 말레이시아 전통 카레를 요리했다. 그는 회사의 지원을 통해 옥스퍼드로 온 만큼 곧장 말레이시아 은행으로 돌아가야 했고, 나 역시 한국에서의 다음 직장이 정해졌던 터라 돌아갈 날짜가 정해져 있었다. 우리는 옥스퍼드에서의 마지막 만찬을 즐기며 그간의 추억을 되새겼다. 졸업 행사장에서 다시 만난 다니엘 부부는 오징어 지킴이를 추억하며 나에게 직접 만든 오징어 인형과 아쉬움 가득한 편지까지 써주며 작별 인사를 건넸다. 그는 우리 부모님에게까지 한국식으로 예의 바르게 인사해서 나를 감격하게 했다. 우리가 그토록 이야기 나누었던 결혼에 대한 가치관이 무색하지 않게 미래 내가 결혼하면 다니엘 부부가 꼭 한국을 방문해주기로 하였다.

MBA 기간 단짝처럼 붙어 다니던 나의 절친 대런(Darren)과의 이별 역시 쉽지 않았다. 대런은 비흡연자인 나에게 줄곧 시가를 권하던 대륙의 기상이 엿보이는 중국인 친구이다. MBA 초반, 모든 것이 낯설고 혼란스러울 때 집 구하는 팁을 공유하며 같이 부동산을 보러 다니기도 하였다. 이렇게 형제애(?)가 생겨버렸고, 그와는 모든 MBA 과정 중 가장 많은 시간을 보낼 만큼 돈독한 사이가 되었다. 남자 둘의 흔한 대화 주제처럼 우린 이성에 대한 이야기도 허물없이 공유했다. 공교롭게도 그가 옥스퍼드 유일의 한식당에 혼자 밥을 먹으러 갔을 때 한눈에 반한 여자가 한국 여자였다고 한다. 그녀에게 용기 내어 말을 걸었던 그는 내가 한인회 임원진임이 생각이 나, 대뜸 '제이든'을 아냐며 나를 말 걸기(?)의 수단으로 이용하였다. 이후 급속도로 그 여성과 가까워진 그는 한국 여자들의 취향과 주로 좋아하는 데이트 스타일 등 MBA 기간 내내 학업에 대한 것보다 더 많은(?) 질문을 쏟아냈다. 그래도 나의 도움 덕분인지 좋은 관계로 발전하여, 이후 셋이서 함께 밥을 먹기도 하는 등 MBA 기간 중 가장 흥미진진한 러브스토리를 지켜볼 수 있었다.

또한 가업을 물려받을 예정인 그였기에 나름의 비즈니스 무기(?)들을 알려주기도 하였다. 위스키와 시가를 즐기는 방법부터, 중국에서 사업을 할 때 필요한 사항들을 듣는 것이 매우 흥미롭기도 하였다. 내 집보다 훨씬 큰 그의 집에 자주 방문하며 중국 음식을 배달해 먹기도 하였다. 그리고 그의 고향 친구들이 왔을 때는 직접 한국 음식을 만들어주고 소주를 함께 마시는 등 다양한 추억을 만들었다.

1년은 사람 관계에서 무척 짧은 기간이지만, 타향에서 맺어진 그와의 각별한 우정은 마음속에 깊은 자국을 남겼다. 헤어지는 것이 내심 쉽지 않았다. 런던에서 사업을 하면서 지내겠다는 그였기에 나중에 내가 유럽에 가거나 내 결혼식에는 그가 꼭 오겠다는 다짐을 했다. 이외에도 항상 과제나 시험으로 힘든 순간이 오면 발 벗고 나서준 홍콩 출신의 이본(Yvonne), 한 달에 한 번 삶의 고민과 생활의 어려움에 관한 이야기를 서로 털어놓던 인도에서 온 소하(Soha)와 요게쉬(Yogesh), 벨기에에서 온 크리스(Chris) 등. 벗들과의 추억은 1년이라는 물리적인 시간을 훌쩍 뛰어넘어 마음속에 단단하게 뿌리내렸다.

옥스퍼드를 떠난 친구들은 모두 자신의 길을 걸어갈 것이다. 인연은 이어지기도 하고 흩어지기도 하겠지만, 옥스퍼드에서 서로에게 보여주었던 인간에 대한 사랑과 연대의 경험은 이후 삶의 소중한 토양이 될 것이다. 그렇게 나에게 옥스퍼드는 청춘의 변곡점으로 남았다. 난 옥스퍼드를 떠나며 많은 친구에게 이런 말을 했다. 내가 돌아가는 곳은 다시 한국이 될지언정, 나의 MBA 친구들과의 기억과 이를 바탕으로 한 세상을 바라보는 시각만큼은 이제 과거와 같지 않을 것이라고.

졸업식 파티

남는 사람들
떠나는 사람들

옥스퍼드는 내가 다녀본 수많은 도시 중 가장 독특한 도시다. 평야가 끝없이 이어진 어느 도시는 지천을 물들이는 꽃다지 색으로 계절을 알 수 있고, 한국의 묵호항에선 바다색으로도 계절을 가늠한다던가. 옥스퍼드는 밀려오고 빠져가는 조수와 같은 사람의 물결로 계절을 가늠할 수 있다. 매번 새로운 사람이 밀려오고, 머문 이들은 한꺼번에 이 도시를 떠난다. 앞에서 서술했듯 옥스퍼드는 매년 9~10월에 학기를 시작해서 1년에 3학기를 보낸 후, 여름방학을 끝으로 1년을 마무리한다. 들뜬 환영과 석별이 이 사이클 안에서 반복된다. 서로 헤어지는 것보다 더 아쉬운 것은 아무래도 남는 사람이 있을 때 같다. 옥스퍼드의 석사 과정은 대부분 1년 과정이다 보니 짧은 기간 동안 서로 인연을 맺다 헤어지는 경우가 많다. 그렇지만 학사나 박사 과정 중이거나 박사 후 연구과정의 경우, 보다 오랜 기간 동안 옥스퍼드에 머물게 된다. 옥스퍼드를 떠나 각자의 길을 향하는 것에 비해, 이 도시에 벗을 남겨두고 홀로 떠나는 일이 내겐 더 진한 아쉬움과 여운으로 남았다.

떠날 때 가장 아쉬웠던 친구는 그 누구보다 말이 잘 통했던 (사이드 비즈니스 스쿨에서 경영학 박사 과정에 있는) 나의 동갑내기 한국 벗이었다. 이민가방에 돌아갈 짐을 잔뜩 욱여넣고 끙끙거리며 버스정류장에 가는 날에도 그는 마지막 점심이라도 함께하자며 바쁜 일정 중에 시간을 내어 나의 짐을 함께 들어주었다. 맥주를 곁들이며 시간 가는 줄 모르게 이야기를 나누었던, 이제는 추억이 될 옥스퍼드의 숱한 밤들을 이야기하며 앞으로의 이별을 무척이나 아쉬워했다. 나는 한국에서 가져왔던 상비약들을 그에게 모두 주며 그의 건강을 걱정해 주었다. 버스가 떠나는 순간까지 손 흔들어주던 그의 모습은 한국에 온 뒤로도 자주 떠올랐고 우린 연락을 이어가고 있다.

또한 나의 멘토가 되어주신 정미령 교수님과의 이별도 큰 아쉬움으로 남았다. 간혹 교수님이 한국에 오시면 광화문의 세종문화회관 카페에서 만나기도 하였다. 내가 떠나기 전날 교수님은 당신의 거처로 나를 초대해 점심을 대접해 주셨다. 오래된 사진첩을 넘기며 옥스퍼드를 거쳐간 한국인들의 발자취를 설명해주셨다. 교수님은 짧은 기간이지만 열성적으로 임했던 나의 한인회 활동과 학생회관에서 차를 마시며 담소를 나누었던 추억들을 잊지 않으시겠다고 하셨다. 당신께선 평소 간직하시던 작은 종(鐘)을 떠나는 제자에게 선물로 내어주시기도 하셨다.

신기한 일이었다. 영국에서 인연을 맺은 많은 사람의 얼굴이 잊히지 않고 가슴속에 각인되었다는 것은. 런던에서 만났던 옥스퍼드 출신의 금융산업에 종사하던 친구, 멋진 철학을 가졌던 옥스퍼드 병원의 의사 친구, 다양한 모임을 함께했던 런던비즈니스 스쿨과 캠브리지 MBA 친구들. 외에도 변호사, 의료인, 기업인 협회 분들을 비롯한 수많은 사람들과 짧은 기간이었지만 각인된 추억들을 새기고 떠날 수 있었다.

처음 한국을 떠날 때는 상상도 못 했던 멋진 커리어를 쌓아가는 친구들과의 인연은 나도 모르게 나의 내면을 바꾸었다. 그것은 분명 커리어나 연봉, 스펙과 같이 정량적으로 측정할 수 없는 내 자아의 성장이었다. 옥스퍼드 MBA는 나의 라이프스타일, 사람을 대하는 방식, 매너 등 외형적인 요소들뿐만이 아니라, 세상과 사람을 바라보는 눈과 나의 내면 그 자체를 근본적으로 변화시켰다.

졸업식 행사에서 학장님(Dean)과

시간을 되돌려도
같은 선택을 할 것인가요?

흔들리는 것이 싫었다. 중심을 잃은 채 오늘 같은 내일을 위해 살아야 한다는 현실이 숨 막혔다. 나는 그렇게 영국으로 떠났다. 1년 동안 도대체 무엇을 배울 수 있겠느냐는 주변의 우려도 있었지만, 옥스퍼드에서의 1년은 내 생애 그 어느 순간보다 더 농밀했기에 그 1년은 다른 질감과 무게를 가진 생의 나이테와 같이 남았다. 회사를 그만둘 때도, 유학을 결심했을 때도, 또다시 귀국하여 새로운 직장을 찾을 때도 주변의 얕은 조언에 계속 귀 기울기만 했다면 이 거대한 변화가 내게 오지는 않았을 것이다. 누구에게나 삶의 변화를 위해 용기를 내야 할 때가 있다. 그 순간의 대부분은 결핍 속에서 새것을 얻기 위해 기존의 무언가를 포기해야 할 때다. 나는 결심의 씨앗이 성장하여 종국에는 내 사고와 삶이 어떤 방식으로 변해갔는지를 독자와 공유하고 싶었다.

따스한 햇볕이 런던의 골목을 가득 메우던 날이었다. 테라스에 앉아 함께 맥주를 마시던 친구가 문득 내게 물었다.

"이제 1년 가까이 그토록 원했던 유학을 경험했는데, 만약 유학을 떠나기 전으로 시간을 되돌려도 똑같은 선택을 할 것 같아?"

처음 접해본 질문이었지만, 나는 순간의 머뭇거림도 없이 대답했다.

"응, 똑같은 선택을 할 거야."

옥스퍼드 유학이 내 인생의 대단한 터닝포인트였거나, 엄청나게 연봉이 올라서거나, 내 역량이 괄목상대할 만큼 성장했기 때문이 아니다. 옥스퍼드에서의 배움과 새로운 만남이 내 삶에 묵직한 무게 추 하나를 던져주었다고 느꼈기 때문이었다.

다시 시작된 첫 출근

2024년 10월 2일, 한국의 또 다른 대기업 금융사로 나는 다시 '첫' 출근을 한다. 현대자동차에서의 첫 출근, KB국민카드에서의 첫 출근을 경험했지만, 이번의 첫 출근은 느낌이 다르다. 늘 조직과 타의에 의해 종잡을 수 없는, 설렘보다는 불안감이 더 컸던 첫 출근이었다. 하지만 이젠 보다 확실하게 내가 지향하는 것이 무엇인지, 어떤 유형의 삶을 살아갈지 알고 있다. 내가 내린 결정이 합당하다고 믿는 안정감이 더해져 이젠 설렘이 더 큰 첫 출근이 된다. 내 삶은 생활의 터전에 더 단단히 뿌리내렸다. 옥스퍼드에서의 1년이 내게 준 선물이다.

유명 컨설팅 기업에서 온 MBA 동기들, 다국적 기업에서 일하다 온 친구들, 옥스퍼드에서 묵묵히 연구에 매진하는 수많은 석·박사 과정의 친구들, 새로운 나라에서 기회를 찾아 누구보다 치열하게 자신의 성공을 만들어가는 수많은 한국 기업인분들을 영국에서 만나며 나는 내가 걸어야 할 길이 명료해지고 있음을 느꼈다. 달콤한 월급의 늪에서 벗어나 수많은 인연의 삶을 곁에서 지켜볼 수 있었기에, 그들을 통해 새로운 시선으로 나를 투영해서 바라볼 수 있었다. 결국, 사람과 만나는 과정은 나를 찾아가는 과정이기도 했던 것이다.

당신에게 닿았기를

고단한 퇴근 지하철에 서서 나와 같은 고민을 하는 수많은 벗들에게 나의 이야기를 전하고 싶었다. 눈이 그득 쌓인 첫 산길을 걸으면 사람 발자국한 점이 그렇게도 고맙다고 한다. 나의 경험이 누군가에겐 그런 발자국 한점으로 다가갔으면 좋겠다. 내가 걸은 새 길이 당신에게도 새 길이었으면한다. 살아가며 시간을 되돌려도 같은 선택을 할 일이 과연 얼마나 될까.우리는 늘 회상하고 후회한다. 잘못된 선택은 교훈으로 남지만, 실행하지않은 선택은 보상받을 길이 없다. 인생은 짧다.

떠나는 사람에겐 이유가 있다. 목적지에 밝은 광휘가 흘러서 가는 사람도 있지만, 나와 같이 뿌연 현실에서 그저 '새것'을 얻기 위해 담보 없이 떠나는 사람도 있다. 이 책은 안개 낀 새벽길을 더듬으며 걸었던 여행자의 기록이기도 하다. 그래서 이 책을 정독하고 유학을 떠나는 독자가 있다면, 아마도 나보다 훨씬 안정된 상태에서 더욱 목적의식이 뚜렷한 유학 생활을보낼 것으로 생각한다. 거친 문장으로 쓰인 유학 초짜의 서툰 체험기를 읽어주신 독자에게 진심으로 감사드린다.